THOMAS CLIMACUS

ÜBER VERÄNDERUNG

Eine formale Ontologie der empirischen Welt

AF140422

Παντα ρει

ISBN: 9783739241852

Die Deutsche Nationalbibliothek verzeichnet diese Publikation in der Deutschen Nationalbibliografie; detaillierte bibliografische Daten sind im Internet über http://dnb.dnb.de abrufbar.

1.Auflage

Planung und Satz:
Thomas Climacus

Herstellung und Verlag:
BoD – Books on Demand, Norderstedt
www.bod.de

Inhalt

1. ÜBER ZWEI FORMPRINZIPIEN DER EMPIRISCHEN WELT

1.1 ÜBER VERÄNDERUNG IM ALLGEMEINEN

Vielleicht hätte dieses Buch in derjenigen trockenen Sprache abgefasst werden sollen, wie dies bei philosophischen Abhandlungen für angemessen erachtet wird. Allein in dem Augenblick, in dem ich diese Zeilen niederschreibe, fühle ich keinen äußeren Zwang, keine Notwendigkeit, mich an diese, wie ich jedenfalls denke, künstliche Beschränkung zu halten. Stattdessen werde ich einen essayistischen Ton anschlagen, der meinem Leser hoffentlich eingängiger sein wird als die schwer zu verdauende Ansammlung von Fachbegriffen, denen er sich in einer streng wissenschaftlichen Prosa gegenüber sehen würde. Auch werde ich im Zuge dessen auf Fußnoten verzichten, um den Akt des Lesens nicht ohne Not zu erschweren. Soviel zur Darstellung, kommen wir zum eigentlichen Inhalt und zunächst zu den persönlichen Gründen, die mich zum Schreiben dieses Buches bewegt haben.

In meinem dreißigsten Lebensjahr, als ich mich eine gute Zeit nicht mehr mit Philosophie beschäftigt hatte, stellte sich mir eines Tages ohne äußeren Anlass die Frage, was ich selbst der Philosophie beizusteuern hätte. Eine Frage, die mich überraschte, da ich nie die Absicht hatte, originell in der Philosophie tätig zu werden.

In dem Augenblick aber, in dem sich mir diese Frage stellte, schien die Zeit in ihrem Lauf auf einmal inne zu halten. Die Erscheinungen der äußeren Welt verblassten. Die Strahlkraft ihrer Farben erlosch. Es schien, dass die Kausalität selbst ausgehebelt wurde und ihren Einfluss verlor. Ich fühlte mich von allem Äußeren losgelöst und ganz auf das Geistige konzentriert. Ich stand still in einer urplötzlichen Verdichtung der Gedanken. Ich fühlte mich gefangen in einen Akt des geistigen Schauens. Und in diesem Augenblick wurde aus mir selbst heraus die Antwort auf die Frage nach der eigenen Philosophie gegeben. Und dies geschah ohne eigenes Nachforschen, ohne willentliche Anstrengung, ohne eine aktive Suche. Die Antwort aber wurde gegeben als *unmittelbare philosophische Erkenntnis*. Eine Erkenntnis, die von allgemeinster Natur ist, und von einem Gefühl der Gewissheit begleitet wird, dass sie mir als unumstößlich erscheint. Ich will die Dinge nicht allzu weit ins Dichterische überhöhen, in der Retrospektive jedoch mutet es mir immer mehr an, als ob mir in diesem Augenblick mein *Daimonion* erschienen ist, welches mir neben der unmittelbaren Erkenntnis auch den Auftrag gab, diese Erkenntnis niederzuschreiben.

Einen Teil dieser Erkenntnis wird der Leser in diesem Buch vorfinden, nämlich jenen Teil, der um den Begriff der *Veränderung* kreist. Ein Begriff, der bereits früh die Bühne der Philosophie betreten hat. Sehen wir ihn doch den Urkonflikt der Philosophie herbeiführen, indem Parmenides dem panta rei des Heraklit, also der Lehre von der Veränderung, seinen Gedanken eines unveränderlichen Seienden entgegen stellte. Auch die weitere Geschichte liefert Beispiele für die Auseinandersetzung mit dem Begriff der Veränderung. Wir sehen Platon durch die Aufstellung seiner angeblich unveränderlichen Ideen versuchen, jenen Urkonflikt zu Gunsten des Parmenides aufzulösen und das panta rei des Heraklit auf diese Weise zu überwinden. In der neueren Geschichte begegnen wir Descartes, der eine indirekte Auseinandersetzung mit der Veränderung führt, indem er durch methodischen Zweifel eine feste Basis, ein unerschütterliches Fundament unseres Wissens aufzufinden gedachte – und damit eben nach Erkenntnissen forschte, die gerade *nicht mehr* der Veränderung unterliegen.

Es geht bei diesen Auseinandersetzungen im Grunde aber nicht um die Veränderung selbst, sondern vielmehr um die brisante erkenntnistheoretische Konsequenz, die sich aus ihr ergibt. Denn wie sollen wir eine verlässliche Erkenntnis gewinnen von Dingen, die in beständigem Fluss, in beständiger Veränderung sind? Woran sollen wir uns in einer Welt orientieren, in der uns jede

Erkenntnis durch die Veränderung der Dinge aus den Händen rinnt? Und, um diese Frage in ihre moderne und noch brisantere Formulierung zu bringen: Wie sollen wir *Wissenschaft* treiben von einer Welt, in der sich nichts gleich bleibt, sondern alles dem panta rei unterworfen ist? Ja, wie ist denn Wissenschaft von einer Welt, in der eine allumfassende Veränderung herrschen soll, überhaupt nur *möglich*? Denn das Wesen der Wissenschaft besteht doch gerade in der *Überwindung* der Veränderung. Wissenschaft scheint doch im Gegenteil nur dann möglich, wenn sich die Dinge *gleich bleiben* und sich eben *nicht* verändern.

Der hier in Frage stehende logische Schluss von der Veränderung der Dinge auf die Unmöglichkeit von Wissenschaft scheint zwar formal betrachtet ein gültiger zu sein, jedoch wird der Leser Zweifel an der Wahrheit der Prämisse hegen; denn er wird – über den Umkehrschluss – aus der Tatsache, dass Wissenschaft tatsächlich existiert, also *wirklich* und demzufolge erst recht *möglich* ist, auf die Falschheit der Prämisse von der Veränderung, auf die Falschheit des panta rei schließen. Zu Recht natürlich, begegnen wir doch allenthalben den überragenden Erkenntnissen und den beeindruckenden technischen Umsetzungen der modernen Wissenschaft. Physik, Chemie, Biologie – ein Narr, wer an der Möglichkeit von Wissenschaft zweifelt!

Andererseits, wie verhält es sich nun mit jenem panta rei des Heraklit? Irrte er? Müssen wir seinen Satz verwerfen? Gibt es Unveränderliches im Fluss der Dinge? Wie dem auch sei, sicherlich wird der Leser, wenn er seine Alltagserfahrung zu Grunde legt, mit mir einer Meinung sein, dass die Lehre von der Veränderung nicht ganz so einfach von der Hand zu weisen ist. Denn hier, in seiner unmittelbaren Erfahrung, findet er unzählige Beispiele von der Veränderung der Dinge: Meinungen verändern sich, menschliche Beziehungen verändern sich, Gefühle verändern sich, Menschen verändern sich, man selbst verändert sich, politische Systeme verändern sich. Die Aufzählung ließe sich ins Unendliche weiterführen. Auch die sprichwörtlich gewordenen

„fließenden Übergänge", als Begleiterscheinung der Veränderung, sind dem Leser aus seiner Erfahrung ein Begriff.

Es gibt daher einen Konflikt zwischen der Veränderung der Dinge, der wir in unserer Erfahrung begegnen, und der Möglichkeit von Wissenschaft andererseits, welche ja gerade auf der Unveränderlichkeit und der Konstanz der Dinge beruht. Also darauf, dass *sich die Dinge gleich bleiben.* Ob und wie dieser Konflikt aufzulösen ist, ob er überhaupt besteht, oder ob beide Standpunkte zu einer Konsistenz geführt werden können, ist allerdings erst die zweite Frage, der nachgegangen werden muss. An erster Stelle muss eine Analyse der Veränderung selbst stehen, eine Analyse des panta rei, ob also und inwiefern die empirische Welt der Veränderung unterworfen ist. Erst dann, mit den Ergebnissen dieser Analyse in der Hand, können wir eine differenzierte Antwort auf die zweite Frage nach der Vereinbarkeit von Veränderung und Wissenschaft geben. Anders formuliert: um den logischen Schluss von der Veränderung der Dinge auf die Unmöglichkeit von Wissenschaft ziehen zu können, müssen wir uns zunächst Aufklärung darüber verschaffen, ob die Prämisse des panta rei auch tatsächlich zutrifft, oder in welchem Umfang und welcher Qualität sie zutrifft, oder ob sie sogar – nötigenfalls – zu verwerfen ist.

Dieser Analyse des panta rei werden wir uns in dem vorliegenden Buche widmen. Ich werde hierzu, um gleich *in medias res* zu gehen, das Phänomen der Veränderung, das panta rei, vermöge zweier *Prinzipien der empirischen Welt* beschreiben. Prinzipien, die ich zuweilen auch *Formprinzipien* nennen werde, da sie die allgemeinsten Formen der Veränderung in der Welt zu ihrem Inhalt haben.

Nach der Unterscheidung von Form und Inhalt wäre dann auch die Begriffsbildung von *inhaltlichen Prinzipien* der empirischen Welt denkbar, und, nicht nur das, sondern als logisches Komplement zum Formbegriff sogar unvermeidlich. Unter welchen inhaltlichen Prinzipien man dann nicht die *Formen* begreifen würde, nach denen die empirische Welt vor unseren Augen emendiert, sondern die inneren Triebfedern oder die inneren Kräften, welche die Veränderung in der Welt vorantreiben und verursachen. Diesen hier inhaltlich genannten Prinzipien werden wir aber im Fortgang dieses Buches nicht weiter nachgehen. Und zwar deshalb, da hierfür eine ganz eigene Untersuchung von nicht abzusehendem Umfang nötig wäre, die den Rahmen dieses Buches sprengen würde.

Zurück zu den erwähnten Formprinzipien, die in unsrer Analyse im Mittelpunkt stehen. Ich werde dem Leser deutlich machen, so hoffe ich, dass durch das Zusammenspiel dieser beiden Prinzipien die Veränderung, die in der empirischen Welt stattfindet, adäquat beschrieben werden kann. Namentlich aber verstehe ich unter diesen Prinzipien erstens das *Prinzip der Individualität* und zweitens das *Prinzip der Einheitenbildung*. Um für den Leser die Spannung zu bewahren, will ich die Prinzipien hier nur ihrem Namen nach einführen, was aber darunter genauer zu verstehen sei, das wird er im weiteren Fortgang erfahren.

Bevor wir uns im folgenden Kapitel dem ersten Prinzip, dem Prinzip der Individualität, zuwenden, soll hier eine Bemerkung zur Einordnung des Buches in die philosophischen Teildisziplinen stehen. Welche Gelegenheit auch dazu dient, gleichsam im Vorbeigehen einige Stichworte zu den im Weiteren behandelten Themen fallen zu lassen. Man kann sich, wie gesagt, das Zusammenspiel der beiden Prinzipien als eine Beschreibung der *formalen Art und Weise* vorstellen, wie die Veränderung sich in der empirischen Welt abspielt. Das vorliegende Buch könnte daher vielleicht am besten als eine neuartige, nämlich *formale Ontologie* gedeutet werden, deshalb, weil es auf die *formale* Erscheinungsweise alles Seienden in der empirischen Welt abzielt. Eine ausschließliche Zuordnung zur Ontologie würde allerdings zu kurz greifen. Denn da es dem Buch um die Aufstellung allgemeinster Prinzipien zu tun ist, so könnte es ebenfalls unter die sogenannte erste Philosophie im aristotelischen Sinne gezählt werden; mithin geht es insofern auch – in der antiken Bedeutung des Begriffs – um *Metaphysik*. Wir haben außerdem die brisanten erkenntnistheoretischen Konsequenzen angesprochen, die sich in einem zweiten Schritt aus der Analyse der Veränderung ergeben könnten, nämlich hinsichtlich der Frage nach der Vereinbarkeit von Veränderung und Wissenschaft. Angesichts dessen ließe sich das Buch auch in die *Erkenntnistheorie* einreihen. Da wir zudem häufig dem Begriff „Wissenschaft" begegnen werden, und im Weiteren etwa die biologische Evolution als Paradigma des Zusammenspiels der Prinzipien fungiert, kann auch von einem *wissenschaftstheoretischen* Inhalt des Buches gesprochen werden. Schließlich wird es auch um Fragen der philosophischen Bedeutungstheorie gehen, welche als das zweite Paradigma für das Zusammenspiel der Prinzipien erscheinen wird. Sogar eine Zuordnung zur *Semantik* wäre daher denkbar.

Noch eine zweite Bemerkung soll zum Abschluss der Einleitung angestellt werden: Wir haben oben bereits die Thematik gestreift, welche Rolle das Phänomen der Veränderung in der Geschichte der Philosophie gespielt hat. Nach der Erwähnung des Urkonfliktes zwischen Heraklit und Parmenides hatte ich dort nur zwei weitere Namen, Platon und Descartes, fallen gelassen, die sich mit dem Problemkreis der Veränderung auseinandergesetzt haben. Der erste, Platon, in bloß negativer Weise, indem er die Veränderung und ihre Konsequenzen durch Aufstellung seiner Ideen überwinden wollte. Der zweite, Descartes, nur indirekt, indem er unveränderliche Erkenntnisse von absoluter Gewissheit anstrebte. Dass es bei diesen zwei Namen blieb, die sich mit der Veränderung auseinandergesetzt haben, und beide sich zudem nicht positiv oder direkt mit dem Thema beschäftigt haben, ist kein Zufall. Begegnen wir doch in der Philosophiegeschichte keinem Einzigen, der eine wirkliche Untersuchung über das panta rei selbst angestellt hätte. Ja, wir finden auch nach längerer Suche nicht einmal eine einzige schmale, kleine Abhandlung über dieses Thema – bis auf jene von merkwürdigen Ansätzen geprägte des Aristoteles, die kaum der Rede wert ist. Es scheint, als würde die Veränderung nur eine Nebenrolle in dem Bühnenstück der großen philosophischen Strömungen spielen – und dies zu Unrecht, da es ja gerade die *Veränderung* ist, die uns alle unmittelbar betrifft und schließlich gerade ihr, wie gezeigt, als philosophisches Konzept eine enorme Explosivkraft zukommt.

Bei der Beobachtung dieser Nebenrolle beschleicht mich ein zwiespältiges Gefühl. Da fühle ich einerseits Verblüffung und Verwunderung, dass dieses Thema so wenig Beachtung in der Philosophie erfahren hat. Andrerseits rinnt mir ein Schauer über den Rücken: zeigt diese Beobachtung doch in aller Deutlichkeit die *Geschichtlichkeit unseres Denkens*. So scheinen vielleicht gerade die Philosophen im hergebrachten Denken, in der Ideengeschichte allzu stark verhaftet zu sein! Und dies meine ich nicht nur auf den Begriff der Veränderung bezogen, sondern in einer ganz allgemeinen Hinsicht. Wie viele Philosophien sind wohl erstickt worden durch diese allzu starke Verhaftung in der Ideengeschichte? Wie viel Unentdecktes liegt wohl brach auf jenen abseits liegenden Feldern des Denkbaren, die nur durch Abwendung von der hergebrachten Philosophie zu erreichen sind? Wie viele verborgene Schätze an Ausdeutungen der Welt gibt es wohl zu heben durch das vorurteilslose, nicht durch die Geschichtlichkeit gefesselte Denken? Wir werden uns mit diesem Buch von der Verhaftung in der Geschichtlichkeit ein wenig ablösen können. Der Leser wird hier etwas Neues vorfinden, er wird einer neuartigen Philosophie begegnen. Wir werden, wenn man so will, eine neue Tür aufstoßen und werden einen kaum betretenen Pfad beschreiten. Ich sage „*kaum* betretenen Pfad" und weiter oben „*ein wenig* ablösen", da ja auch wir einen Anknüpfungspunkt in der Geschichte besitzen, nämlich Heraklit und sein panta rei.

Für echte Unabhängigkeit im Denken ist also eine Loslösung aus der Geschichtlichkeit erforderlich. Es ist eine Distanz zur traditionellen Philosophie erforderlich. Und damit eine Distanz zur „Universitätsphilosophie", als dem Kind dieser Tradition. Eine Ausbildung in traditioneller Philosophie dient gleichsam nur als Rüstzeug, um den Anstieg zu den Hochebenen des unabhängigen Denkens bewältigen zu können. Hat man aber diesen Anstieg bewältigt, möge man für einen Moment innehalten, die Tradition Tradition sein lassen, und den nunmehr freien Blick von der erreichten Höhe schweifen lassen. Man möge für einen Moment, um zu neuen Kräften zu gelangen, den herrlichen Ausblick von der Höhe in die Täler hinab genießen. Sodann aber muss der Wanderer, den Blick auf die vor ihm liegende Weite gerichtet, die Hochebenen mit eigenem Stecken und Stab durchqueren.

1.2 DAS PRINZIP DER INDIVIDUALITÄT

Alles Empirische ist individuell – dies ist die Aussage des ersten Prinzips, dem PRINZIP DER INDIVIDUALITÄT. Wenn ich von *individuell* rede, verbinde ich damit aber nicht die landläufige Bedeutung dieses Wortes, wie sie zum Beispiel in der Sprechweise „Er ist ein Individualist" oder in der Aussage „Sie schafft individuelle Kunst" angezeigt wird. In derartigen Aussagen wird der Begriff der Individualität im Sinne des Untypischen und im Sinne des Abweichens vom Gewohnten verwendet. Ich verknüpfe mit *individuell* vielmehr eine davon unterschiedene und viel allgemeinere Bedeutung. Ich verwende nämlich den Begriff ganz grob gesagt als GEGENSATZ ZUM BEGRIFF DER GLEICHHEIT. Wenn ich sage, dass ein empirischer Gegenstand individuell sei, so ist damit gemeint, dass es keinen zweiten Gegenstand gebe, der ihm vollkommen gleicht. Und zwar weder in der räumlichen noch in der zeitlichen Erstreckung der empirischen Welt. Soll heißen: Im ganzen Raum existiert kein zweiter Gegenstand, weder in Vergangenheit noch Gegenwart noch Zukunft, der diesem gegebenen Gegenstand vollkommen gleicht. Insbesondere gilt dies auch für den Gegenstand selbst! Denn jeder empirische Gegenstand, der zu einem bestimmten Zeitpunkt in unsre Wahrnehmung fällt, unterscheidet sich zu einem beliebigen anderen Zeitpunkt von sich selbst. Das Prinzip der Individualität bedeutet mithin, dass jeder Gegenstand der empirischen Welt EINE IN RAUM UND ZEIT IN DIESER ART NICHT WIEDERKEHRENDE, EBEN INDIVIDUELLE VERKÖRPERUNG VON EIGENSCHAFTEN darstellt – Wer hier im Übrigen eine Zirkularität in der Begriffsbestimmung beanstanden möchte, weil wir „das Prinzip der Individualität" scheinbar durch das „individuell" in der Bestimmung definieren, der möge das „individuell" in der Bestimmung streichen. Es dient lediglich der Verdeutlichung. Bevor wir näher auf das Prinzip eingehen und seine Aussage an Beispielen erläutern, legen wir uns zunächst Rechenschaft ab, warum wir ausgerechnet das Wort *individuell* als terminus technicus verwenden werden.

Warum hier die Wahl auf *individuell* gefallen ist, um denjenigen Gedanken auszudrücken, der in der obigen Begriffsbestimmung umschrieben ist, und nicht auf ein anderes Wort, wird bei der Suche nach Alternativen ersichtlich. Ich hätte auch von einem Gegenstand sprechen können, der „einzigartig" sei, „unverwechselbar", „besonders" oder auch „eigentümlich". Man erkennt aber, dass in den Bedeutungen dieser Synonyme eine positive oder negative Bewertung zu dem so bezeichneten Gegenstand enthalten ist. Gerade dies sollten wir jedoch tunlichst vermeiden, da es uns in der Philosophie um eine möglichst wertungsfreie Beschreibung der Dinge zu tun sein sollte. Diese wertungsfreie Beschreibung wird durch *individuell* geleistet, da in diesem Wort, im Unterschied zu seinen Alternativen, keine negative oder positive Bewertung ausgedrückt wird.

Überdies ist die Verwendung eines Fremdworts wie *individuell* als terminus technicus vorteilhafter, da ein solches naturgemäß weniger fest in unsrer Muttersprache verwurzelt ist und sich daher auch zwangloser aus seiner angestammten Semantik lösen lässt. Und genau das ist es, was wir tun: Wir lösen den Begriff aus seiner angestammten Semantik heraus und legen diese für unsere Zwecke neu fest. Und zwar dergestalt, indem wir einerseits den landläufigen Bedeutungsanteil des Untypischen und des vom Gewohnten Abweichenden *subtrahieren* und andererseits, indem wir seinen Verwendungsumfang *vergrößern* und ihn auf alle erdenklichen Gegenstände der empirischen Welt anwenden.

Ich sage also – um aus dem Exkurs zurückzufinden – mit dem Prinzip der Individualität, dass jeder Gegenstand der empirischen Welt keinem anderen völlig gleicht, sondern *eine in Raum und Zeit auf diese Art nicht wiederkehrende, eben individuelle Verkörperung von Eigenschaften darstellt.* Wenn hier von den „Gegenständen der empirischen Welt" die Rede ist, so verstehe ich hierunter aber nicht nur jene, die üblicherweise als „Gegenstand" bezeichnet werden. Neben diesen *natürlichen Gegenständen* verstehe ich darüber hinaus unter „Gegenstand" auch *künstliche Gegenstände,* wie ich sie hier nennen möchte, in Form von beliebigen *räumlichen* oder *zeitlichen Ausschnitten aus der empirischen Welt.* Derartige Ausschnitte betrachten wir in diesem Buch ebenfalls als Gegenstand und diese fallen ebenfalls unter das Prinzip der Individualität.

Um mich genauer zu erklären: Es fallen erstens die *natürlichen Gegenstände* unserer äußeren oder inneren Wahrnehmung unter das Prinzip. Als da wären etwa Hüte, Tische, Libellen, Bäume, Flüsse, Liebe, Zorn, Schmerzen, Handlungen, Gehirnströme, biologische Arten, chemische Reaktionen, physikalische Phänomene et cetera. All diese natürlichen Gegenstände sind *individuell.* Zweitens fallen unter die Individualität auch *künstliche Gegenstände,* unter denen *Ausschnitte aus der empirischen Welt* vorzustellen sind. Für diese Ausschnitte liegen in der Regel keine eigenen Bezeichnungen vor. Sie tragen keinen eigenen Namen. Als Ausschnitte kommen dabei *räumliche* und *zeitliche* in Frage. Als räumlichen Ausschnitt können wir uns z.B. einen beliebig langen Abschnitt eines Flusses denken, als zeitlichen Ausschnitt z.B. ein beliebig langes Zeitintervall eines empirischen Vorganges. In beiden Fällen existieren für die Ausschnitte keine eigenen Namen oder Bezeichnungen. Als Ausschnitt deuten wir daher alles, was wir *als empirisches Ganzes* von anderem abtrennen und isoliert von diesem betrachten können. – Ich spreche übrigens bewusst von Gegenständen und Ausschnitten der *empirischen* Welt, da *nicht-empirische Gegenstände* wie z.B. mathematische Objekte – Dreiecke, Winkel, Gleichungen oder dergleichen – hier ausgeschlossen sein sollen. Auf diese Gegenstände wird unser Prinzip *nicht* angewendet.

Zur Illustration will ich anhand von Beispielen ausführen, wie das Prinzip der Individualität zu verstehen ist und wie es auf die natürlichen und künstlichen Gegenstände (Ausschnitte) der empirischen Welt angewendet wird. - nach dem Motto „Beispiele tun oft mehr, als viel Wort und Lehr`". Denken wir uns eine Libelle, die an einem Teich umherschwirrt. Wir betrachten ihre Erscheinung, ihre Farben, ihre Anatomie, ihre Bewegungen. Das Prinzip der Individualität besagt nun, dass es zu unserem natürlichen Gegenstand, der Libelle, keine zweite Libelle gibt, jemals gegeben hat oder jemals geben wird, die der unsrigen in allen ihren Merkmalen vollkommen gleicht (Farbe, Anatomie, Bewegungen…). Es gibt immer *Unterschiede*, wenngleich im Einzelfall minimale, zwischen einer zweiten Libelle und unsrer ersten Libelle; denn diese stellt gemäß unserem Prinzip *eine in Raum und Zeit auf diese Art nicht wiederkehrende, eben individuelle Verkörperung von Eigenschaften dar*. Wie an einer Stelle weiter oben bereits angedeutet, gilt dies auch für die Libelle selbst: diese wird zu einem beliebigen Zeitpunkt ihrer Existenz niemals genau dieselben Farben, genau dieselbe Anatomie und genau dieselben Bewegungen zeigen wie zu einem beliebigen *anderen* Zeitpunkt ihrer Existenz. Die Libelle ist *individuell*. Wir können auch sagen: die Libelle wird weder durch eine andere Libelle noch durch sich selbst jemals *wiederholt*.

Das Gleiche gilt auch für jedes andere Lebewesen. Aber auch Kunstprodukte wie z.B. ein Küchentisch unterliegen der Individualität. Ein Küchentisch wird, so, wie wir ihn gerade vor uns sehen, niemals durch einen anderen Küchentisch wiederholt. Er wird niemals identisch reproduziert werden können. Auch wenn ein Tischler sich die größte Mühe gibt oder man die präzisesten Maschinen dafür einsetzen wollte, es wird doch niemals gelingen, einen zweiten Tisch anzufertigen, der mit dem ersten in allen Eigenschaften völlig identisch wäre. Der Küchentisch wird aber auch durch sich selbst niemals wiederholt.

Er befindet sich in ständiger Veränderung und zu jedem Zeitpunkt ist er ein *anderer*. Der Küchentisch ist also eine nicht wiederholbare, weder von anderen noch von sich selbst, eben *individuelle* Verkörperung von Eigenschaften.

Auch für Himmelskörper wie unsere Erde gilt das Prinzip der Individualität. So wird es und kann es niemals einen zweiten Planeten geben, der unserer Erde in all ihren Eigenschaften vollkommen gleicht. Nie werden auf einem *anderen* Planeten *genau dieselben* Lebensbedingungen herrschen wie auf der Erde. Die Erde kann nicht durch einen anderen Planeten wiederholt werden. Auch kann die Erde selbst in ihren Eigenschaften wie Klima, Fauna und Flora zu zwei verschiedenen Zeitpunkten ihrer Geschichte niemals *mit sich selbst identisch* sein. Sie kann sich nicht durch sich selbst wiederholen. Wir sagen: Die Erde ist in Raum und Zeit *individuell*.

Hieraus lässt sich allerdings nur scheinbar der Schluss ziehen, dass es im Universum außerhalb der Erde kein Leben gibt. Auf welche Schlussfolgerung man stoßen könnte, da ja nirgendwo genau dieselben Lebensbedingungen wie auf der Erde verwirklicht sein können. Die Scheinbarkeit dieser Schlussfolgerung liegt aber darin, dass auch solche Lebensbedingungen, die zwar denen auf der Erde nicht völlig gleichen, aber immerhin sehr *ähnlich* sind, dennoch das Entstehen von Leben ermöglichen könnten.

Der Leser kann sich die Liste für individuelle natürliche Gegenstände selbst verlängern; etwa indem er das Prinzip auf die Erregungsmuster von Gehirnströmen anwendet, oder auf den Schwarzschild-Radius eines Planeten, auf eine quanten-mechanische Elektronenwolke, auf Erkältungen, auf sich selbst oder andere Menschen, auf die Spielarten der Liebe, auf Sympathie und Antipathie gegenüber bestimmten Personen, aber auch auf so Profanes wie Fußballspiele, jeden einzelnen Tag, jedes einzelne Lebensjahr etc. All diese natürlichen Gegenstände der empirischen Welt sind *individuell*.

Im letzten Beispiel betrachten wir einen *künstlichen Gegenstand*, auf den die Individualität angewendet wird, also einen Ausschnitt aus der empirischen Welt. Und zwar betrachten wir einen *räumlichen Ausschnitt* in Gestalt eines Flussabschnittes. Das Prinzip der Individualität besagt hier: Es gibt keinen zweiten Abschnitt eines anderen oder auch desselben Flusses, der einem gegebenen vollkommen gleicht. Kein anderer Flussabschnitt wird dem gegebenen in allen Eigenschaften wie etwa der Konsistenz des Wassers, der Strömungsmuster, der Geologie des Flussbettes, der Temperatur des Wassers usw. *vollkommen gleichen.* Aber auch derselbe Flussabschnitt wird sich zu zwei verschiedenen Zeitpunkten immer von sich selbst unterscheiden. Er wird sich zu zwei verschiedenen Zeitpunkten nicht exakt gleichen in allen seinen Eigenschaften. Der Flussabschnitt, als Ausschnitt aus der empirischen Welt, stellt eine *individuelle, nicht wiederkehrende Verkörperung von Eigenschaften* dar – Übrigens wird die Individualität in diesem Beispiel durch den tiefsinnigen Satz des Heraklit illustriert, dass „man nicht zweimal in denselben Fluss steigen kann".

Soviel zu einigen Beispielen, anhand derer das Prinzip der Individualität in einer ersten Annäherung vor Augen geführt werden sollte. Um allerdings unser Projekt einer adäquaten Analyse des panta rei, der Veränderung in der Welt, zu verwirklichen, müssen wir im folgenden Abschnitt das zweite Prinzip einführen, das *Prinzip der Einheitenbildung.* Wir werden dann im weiteren Fortgang des Buches auf systematische Weise das Zusammenspiel dieser beiden Prinzipien studieren. Woraus sich beim Leser ein Verständnis entwickeln wird, inwiefern wir die Veränderung in der Welt durch die Prinzipien von Individualität und Einheitenbildung erklären. Im Zuge dessen wird ihm ebenfalls einleuchten, warum wir, wie der Buchtitel vorgibt, von einer *formalen Ontologie der empirischen Welt* sprechen.

Es zeigt sich, dass für eine adäquate Beschreibung der Veränderung unser erstes Prinzip für sich genommen nicht ausreichend ist. Wir benötigen ein zweites, das als Ergänzung und Präzisierung neben unser erstes gestellt werden muss. Bei diesem zweiten Prinzip handelt es sich um das PRINZIP DER EINHEITENBILDUNG. Mit diesem Prinzip wird ausgedrückt, DASS IN DER EMPIRISCHEN WELT DIE TENDENZ VORGEFUNDEN WERDEN KANN, EINHEITEN ZU BILDEN. Wobei hier unter empirischer Welt, wie durchgehend in diesem Buch, sowohl die äußere, also die physische Welt, als auch die innere, also die psychische Welt, zu verstehen ist.

Zunächst zu dem Begriff der „Einheiten", der in der angegebenen Begriffsbestimmung die zentrale Rolle spielt. Was ich mit diesen Einheiten meine, ist scheinbar eine von sich aus verständliche Tatsache, die jeder von uns Tag für Tag in der Welt beobachten kann. So verstehe ich unter den Einheiten der empirischen Welt alles, was als *einzelner Gegenstand* wahrgenommen werden kann. Und zwar als einzelner Gegenstand der äußeren, oder aber der inneren Welt. Einheiten der äußeren Welt sind daher beispielsweise einzelne Bäume, einzelne Tiere, einzelne Wolken oder einzelne Menschen. Als Beispiele für Einheiten der inneren Welt können dagegen gelten: einzelne Gedanken, einzelne Ideen, einzelne Schmerzempfindungen oder einzelne Gefühlsregungen.

Neben diesen Einheiten, die zumeist scharf begrenzt in unser Bewusstsein fallen, gibt es auch Einheiten, die weniger scharf abgegrenzt sind und keine exakte Kontur aufweisen. So sehen wir etwa, wenn wir in die äußere Welt blicken, einen wolkenverhangenen Himmel, in dem wir die einzelnen Wolken nicht mehr scharf von ihren Nachbarwolken abtrennen können. Sie gehen ineinander über und man kann sich streiten, wo die Grenze zwischen Wolke und Nachbarwolke oder auch zwischen Wolke und dem Hintergrund des Himmels verläuft. Sehen wir andererseits in die innere Welt, so finden wir gerade hier mannigfache Beispiele für Einheiten ohne scharfe Begrenzung. Das kommt zum Beispiel in der eingebürgerten Redeweise von den „gemischten Gefühlen" („mixed feelings") zum Ausdruck. Oder in der Phrase „ein unbestimmtes Gefühl haben". Hier ist eine klare Grenzziehung zu anderen Gefühlen und eine scharf begrenzte Identifikation der tatsächlich vorliegenden Einheit schwierig. Denken wir als weiteres Beispiel an Schmerzempfindungen wie Zahnschmerzen oder Kopfschmerzen, so finden wir, dass sich auch diese inneren Erscheinungen oftmals nicht scharf begrenzen lassen, etwa hinsichtlich Lokalität oder Dauer, dass sie aber dennoch als Einheiten in unsere Wahrnehmung fallen. Denn wir können sie als *Eines* begreifen und als *einzelne* Phänomene isoliert betrachten, indem sie sich von einem Hintergrund abheben.

Als zweiten Typus von Einheiten, neben den beschriebenen *einzelnen Einheiten*, finden wir in der empirischen Welt *abstrakte Einheiten* vor. Die abstrakten Einheiten zerfallen wiederum in die abstrakten Einheiten unseres Inneren und in die abstrakten Einheiten der äußeren Welt. Der Typus der abstrakten Einheiten stellt offenbar eine andere Kategorie dar als der Typus der einzelnen Einheiten. Die einzelnen Einheiten hätten wir in diesem Zusammenhang, zur Unterscheidung von den abstrakten, auch unschön als „konkrete" Einheiten bezeichnen können.

Abstrakte Einheiten entstehen, wenn wir dank unsrer Fähigkeit zur Abstraktion Einzelphänomene, also einzelne Einheiten, zu einer neuen Einheit, einer abstrakten, zusammenfassen. Ich will zwei Beispiele für abstrakte Einheiten geben, auch zur Verdeutlichung der Tatsache, dass die abstrakten Einheiten ebenso in der äußeren wie in der inneren Welt vorzufinden sind, was, wenn man so will, die *Isomorphie* dieser beiden Hälften der empirischen Welt vor Augen stellt. Sehen wir, als Beispiel aus der äußeren Hälfte, einen Dackel an der Leine seines Herrchens die Straße entlang laufen, so fällt es uns nicht schwer, indem wir uns im Geiste Bilder von Terriern, Settern oder Schäferhunden danebenstellen, uns den Begriff - also die abstrakte Einheit – des Hundes daraus abzuleiten. In gleicher Weise bilden wir, als Beispiel aus der inneren Hälfte, aus psychischen Phänomenen wie Zorn, Hass, Freude und Ähnlichem die abstrakte Einheit der Gefühle.

In der Welt der abstrakten Einheiten finden wir eine *Hierarchie* vor. Die am wenigsten abstrakten Einheiten, die man daher auch als *abstrakte Einheiten der ersten Stufe* bezeichnen kann, enthalten konkret gegebene Einzelphänomene, also die einzelnen Einheiten. Ausgehend von den abstrakten Einheiten der ersten Stufe können *abstrakte Einheiten höherer Stufe* gebildet werden, welche ihrerseits jene abstrakten Einheiten der ersten Stufe als „Einzelphänomene" enthalten. So werden zum Beispiel, indem wir die höherstufige Einheit „Hunde" bilden, darunter unter anderem die abstrakten Einheiten „Terrier", „Setter", „Schäferhund" und „Dackel" subsumiert. In diesem Beispiel sind die Begriffe „Terrier", „Setter", „Schäferhund" und „Dackel" abstrakte Einheiten der ersten Stufe, da sie einzelne Einheiten, nämlich die jeweiligen Vertreter ihrer Art, umfassen. Die abstrakte Einheit „Hunde" wäre als abstrakte Einheit der zweiten Stufe aufzufassen, da sie abstrakte Einheiten der ersten Stufe als ihre „Einzelphänomene" enthält. Analog können wir die Einheit „Gefühle" als abstrakte Einheit der zweiten Stufe betrachten, indem sie abstrakte Einheiten der ersten Stufe wie „Zorn", „Hass" oder „Freude" und vergleichbare enthält. Die Hierarchie endet natürlich nicht mit der zweiten Stufe, sondern lässt sich in höhere Stufen fortsetzen.

Hiermit wird im Wesentlichen nichts Anderes beschrieben, als was in der klassischen Philosophie als Unterschied von Artbegriff und Gattungsbegriff bekannt ist. Auch ist augenscheinlich, dass wir uns diese sukzessiven Abstraktionen bildlich als mengentheoretische Operationen verständlich machen können. Weniger augenscheinlich ist zuweilen, dass wir, wenn wir in dieser Hierarchie der abstrakten Einheiten immer weiter emporsteigen, schließlich zu einer absolut höchsten Einheit gelangen, die den finalen Kulminationspunkt darstellt. Als diese letzte und keiner weiteren Abstraktion mehr fähige Einheit ist der *Gegenstandsbegriff* zu nennen. Unter diesen fallen alle anderen denkbaren Einheiten, einzelne wie abstrakte, da sie eben alle *Gegenstände* sind, und andererseits ist kein noch allgemeinerer Begriff möglich. Dies aber nur zur Vervollständigung.

Wir haben im Abschnitt zum Prinzip der Individualität von den natürlichen und künstlichen Gegenständen gesprochen, auf welche die Individualität angewendet wird. Die dort erwähnten *natürlichen Gegenstände* sind nun aber genau die im gegenwärtigen Abschnitt beschriebenen *Einheiten der empirischen Welt*. Ich wollte im vergangenen Abschnitt die natürlichen Gegenstände noch nicht als Einheiten bezeichnen, da der Begriff der „Einheiten" noch nicht eingeführt war. Der Leser sollte sich von jetzt an dieser Identität von natürlichen Gegenständen und Einheiten bewusst sein. Ebenso wie der Identität von künstlichen Gegenständen und Ausschnitten aus der empirischen Welt, auf die ich bereits im vergangenen Abschnitt hingewiesen habe. Ich werde der Übersichtlichkeit halber im weiteren Procedere nur noch von Einheiten und Ausschnitten sprechen, nicht mehr von natürlichen und künstlichen Gegenständen.

Damit wird zum ersten Mal die *Verflechtung* beider Prinzipien angedeutet, indem gesagt wird, dass die Einheiten der empirischen Welt unter das Prinzip der Individualität fallen: EINHEITEN SIND INDIVIDUELL. Unterscheiden müssen wir aber streng zwischen der Individualität im *eigentlichen* Sinne, die wir bei den einzelnen Einheiten auf der untersten empirischen Ebene vorfinden, und der Individualität der abstrakten Einheiten, die wir zur Abgrenzung auch die *uneigentliche* Individualität nennen. Denn die Letztere kommt dadurch zu Stande, dass die eigentliche Individualität der Einzeleinheiten bei der Abstraktion auf die Ebene der abstrakten Einheiten *übertragen* wird – gleichsam durch einen Mechanismus der Weitervererbung. Wir könnten angesichts dieses Mechanismus von der uneigentlichen als von einer *abgeleiteten* Individualität sprechen. Bei der uneigentlichen Individualität muss jedoch zwischen abstrakten Einheiten der ersten Stufe und höherstufigen unterschieden werden, da wir uns ja, beim Höhersteigen auf den Stufen der Abstraktion, immer weiter von der eigentlichen Individualität der empirischen Basis entfernen. Die Unterscheidung von eigentlicher und uneigentlicher Individualität werden wir zu gegebener Zeit ausführlicher erläutern. Genauer gesagt werden wir ihn in Kapitel zwei aufgreifen, wo wir uns Beispielen und zwei prototypischen Anwendungen der Prinzipien zuwenden werden.

Soviel zu den Einheiten selbst, nun zur *Tendenz der Bildung von Einheiten*, welche Bestimmung wir oben für die Aussage des Prinzips der Einheitenbildung gegeben haben. Unter dieser Tendenz verstehe ich den Umstand, dass sich allenthalben in der empirischen Welt die *Bildung von Einheiten* beobachten lässt. Wenn wir einige der oben erwähnten Einheiten als Beispiele heranziehen, seien es einzelne Einheiten oder abstrakte, wird uns dieser Umstand augenfällig: einzelne Lebewesen wie die Libelle *bilden sich* als Einheit in der Empirie heraus, indem sie geboren werden, ein Wachstum bis zur adulten Phase durchleben und ihre Existenz schließlich eines Tages beendet ist; einzelne Pflanzen wie die Grünlilie *bilden sich*, indem sie vom Ableger zur reifen Pflanze heranwachsen und schließlich vergehen; wir sprechen auch bei Kunstprodukten davon, dass sich diese als Einheiten der empirischen Welt *herausbilden*, da ein Tisch durch einen Schreiner hervorgebracht, gefertigt, *gebildet* wird; auch einzelne Einheiten unseres Inneren *bilden sich*, so etwa ein einzelner Gedanke, der sich in unserem Bewusstsein *herausbildet*. Auch Emotionen wie Freude oder Trauer *bilden* sich in unserer Seele als Einheiten heraus. Gleiches gilt für abstrakte Einheiten: biologische Arten, als Beispiele für abstrakte Einheiten der äußeren Welt, *bilden sich* aus der Natur heraus zu einer Einheit zusammen; abstrakte Begriffe wie „Tugendhaftigkeit" entstehen in unserem Inneren, *bilden sich heraus* durch Zusammenfassung von anderen Einheiten wie „Treue", „Zuverlässigkeit" oder „Aufrichtigkeit".

Dieser Aufzählung können wir eine Beobachtung entnehmen, welche sich bereits aus der Koexistenz von einzelnen Einheiten und abstrakten Einheiten ergibt: DAS PRINZIP DER EINHEITENBILDUNG IST AUF MEHREREN EBENEN WIRKSAM. Einerseits an der empirischen Basis, in der sich die einzelnen Einheiten *bilden*, andererseits aber auf abstrakter Ebene, indem sich abstrakte Einheiten *bilden*. In der Empirie selbst *bilden* sich Einheiten als Einzelerscheinungen, materieller wie geistiger Natur, heraus, z.B. in Form einer *einzelnen* Libelle oder eines *einzelnen* Gefühls der Freude; hier befinden wir uns sozusagen auf der untersten (und angestammten) Ebene der Manifestation des Prinzips. Auf der nächsthöheren Ebene *bilden* sich die abstrakten Einheiten der ersten Stufe, indem nach dem Gesetz der Ähnlichkeit Einzeleinheiten der empirischen Basis unter eine abstrakte Einheit zusammengefasst werden. So enthält der biologische Artbegriff der „Libelle", als abstrakte Einheit der ersten Stufe, jede einzelne Libelle als empirischen Repräsentanten, und die abstrakte Einheit „Freude" enthält, ebenfalls als abstrakte Einheit der ersten Stufe, alle einzelnen Gefühlsregungen der Freude. *Bildet* man aus diesen Abstrakta der ersten Stufe höherstufige Abstrakta, so gelangen wir auf eine dritte und, in der weiteren Sukzession, auf noch höhere Ebenen der Manifestation der Einheitenbildung. Im vorgenannten ersten Beispiel würden wir also etwa auf die höherstufige Einheit „Insekten" treffen, welches neben den Libellen noch viele weitere Insektenarten enthält, ebenso wie wir im zweiten Beispiel auf das höherstufige Abstraktum „Gefühle" stoßen, welches neben dem Gefühl der Freude eine Unmenge weiterer Gefühlsarten umfasst.

Warum habe ich das unbestimmte und reflexive Verbum „sich bilden" für die Formulierung des Prinzips verwendet? Die Notwendigkeit für die Verwendung eines *unbestimmten* Ausdrucks liegt darin, dass wir mit dem Prinzip das ganze Spektrum der Einheiten und alle spezifische Arten ihres jeweiligen Auftretens abdecken wollen. Womit wir zu einer Beschreibung in einer derart allgemeinen Sprache genötigt werden, dass diese Sprache – eben bedingt durch ihre Allgemeinheit – unbestimmt werden muss. Die Verwendung des unbestimmten „sich bilden" ist daher eine Folge jener Regel, dass ein Begriff umso leerer (und damit unbestimmter) wird, desto allgemeiner er wird, das heißt, desto mehr Phänomene man unter ihn subsumiert.

Die Rechtfertigung für die Wahl eines *reflexiven* Ausdrucks, um das es sich ja beim Verbum „sich bilden" handelt, wird dadurch geführt, dass wir von jeglicher Angabe einer Autorenschaft bei der Bildung der Einheiten absehen. Welche Angabe bei Wahl eines nicht-reflexiven Ausdrucks bereits durch die grammatische Form angezeigt wäre, indem ein solcher Ausdruck stets ein Agens, einen Autor verlangt. Von der Angabe eines derartigen Agens oder Autors wollen wir aber ganz bewusst absehen. Mit anderen Worten: Wir schauen nicht darauf, welche *Ursache* hinter dem Erscheinen einer Einheit steht. Wir abstrahieren beim Beschreiben der Einheitenbildung von jeglicher Form der Kausalität. Wir befinden uns, wenn man so will, außerhalb und oberhalb einer kausalen Sichtweise der Dinge. Wir halten vielmehr inne im reinen *Beobachten* und bloßen *Registrieren* dessen, was sich in der empirischen Welt abspielt.

Ferner ist für das richtige Verständnis des Prinzips ein wesentlicher Punkt dieser: wenn hier von der *Bildung* von Einheiten gesprochen wird, so soll damit auch die *Rückbildung* der Einheiten bereits inbegriffen sein. Wir wollen ja eine adäquate Beschreibung der *Veränderung* in der empirischen Welt vornehmen, und als integraler Bestandteil der Veränderung finden wir in der empirischen Welt ein *Werden* und ein *Vergehen* der Dinge vor. Das prozessuale Element, was hier zur Beschreibung dieses Werdens und Vergehens in der Welt notwendig wird, berücksichtigen wir also durch das Prinzip der Einheitenbildung. Dergestalt, dass es sich, wie gesagt, in gleicher Weise auf die Bildung (Werden) von Einheiten wie auf die Rückbildung (Vergehen) von Einheiten bezieht.

Der Leser könnte sich spätestens jetzt, zum Abschluss dieses Abschnitts, die Frage stellen, mit welcher Berechtigung überhaupt die *Geltung* der beiden Prinzipien angenommen werden kann. Wie kommen wir überhaupt dazu, diese für *wahr* zu halten? Er verlangt zu Recht nach einer *Begründung* der Prinzipien. Dieser Frage werden wir im übernächsten Kapitel zur Metatheorie der Prinzipien nachgehen. Dort werden die Prinzipien selbst zum Objekt des Nachdenkens gemacht, so dass wir uns, im Verhältnis zu den Prinzipien, auf einer höheren Ebene befinden, auf einer Metaebene, und von diesem Standpunkt aus ihren Geltungs- anspruch sowie außerdem auch ihr logisches Verhältnis zueinander untersuchen werden. Zuvor aber betrachten wir zur weiteren Veranschaulichung der Prinzipien im folgenden Kapitel einige Beispiele und Anwendungen.

2.1 STATIK UND DYNAMIK DER PRINZIPIEN

Wir haben nunmehr beide Prinzipien eingeführt und sie in zwei Abschnitten getrennt voneinander beschrieben. Nach der getrennten Beschreibung ist nun der Zeitpunkt gekommen, die Prinzipien zusammen zu führen und ihr Zusammenspiel in der empirischen Welt zu analysieren. Dies Zusammenspiel soll dabei zunächst anhand von *Beispielen aus unserer Alltagswelt* verdeutlicht werden. Die Beispiele werden wir dabei jeweils in der räumlichen und in der zeitlichen Dimension der empirischen Welt betrachten. Eine naheliegende Systematik, da Raum und Zeit ein Koordinatensystem liefern, in welchem die *Veränderung* beschrieben werden kann. Die Betrachtung im Raum, im Folgenden *statische Betrachtung* genannt, erhalten wir, wenn wir uns zu einem beliebigen Zeitpunkt den empirischen Fluss der Dinge im Geiste angehalten denken. Wir betrachten eine räumliche Momentaufnahme, in der die Dinge stillstehen. Die Betrachtung in der Zeit hingegen, die *dynamische Betrachtung,* entsteht, wenn wir den empirischen Fluss ausschließlich in seiner zeitlichen Entwicklung beobachten. Die räumliche Erstreckung lassen wir in dieser Betrachtung außen vor.

Nun ist es augenscheinlich, dass wir die äußere Hälfte der empirischen Welt in den Dimensionen Raum und Zeit vorfinden, während die innere Hälfte, also unser seelisches Innenleben, nur in der Dimension Zeit von statten geht. Aufgrund dieses Unterschiedes empfiehlt es sich, für jeden der beiden Bereiche, Außenwelt und Innenwelt, gesondert die beiden Betrachtungen anzustellen. Wir werden dabei sehen, dass auch für unser Innenleben, obwohl auf die Dimension Zeit beschränkt, eine Betrachtung im Raum, eine statische Betrachtung, jedenfalls im übertragenen Sinne möglich ist. Nämlich indem wir verschiedene Personen mit ihrem Innenleben zu einem festen Zeitpunkt miteinander vergleichen. Wir denken sie uns dabei also „im Raum" neben einander gestellt.

Außerdem werden wir uns in diesem Abschnitt, zur Vereinfachung, uns beim Prinzip der Einheitenbildung auf die Einheiten der empirischen Basis beschränken, also auf die „Einzeleinheiten", wie wir sie weiter oben genannt haben. Abstrakte Einheiten werden wir in den nächsten beiden Abschnitten thematisieren, in denen wir Anwendungen der Prinzipien in der Wissenschaft begegnen werden.

Beginnen wir mit der äußeren empirischen Welt. Zur Illustration der beiden Betrachtungsarten ziehen wir das das Bild eines geruhsam dahin fließenden Baches heran. Wir denken uns nun die Zeit angehalten und betrachten den Bach in einer Momentaufnahme nur in seiner räumlichen Dimension. Wir erhalten die statische Betrachtung. Unschwer können wir das Prinzip der Einheitenbildung verwirklicht sehen, indem wir zum Beispiel einen einzelnen Stein des Bachbettes als Einheit identifizieren. Als weiteres Beispiel könnten wir einen einzelnen Strömungswirbel an der Wasseroberfläche als Einheit anerkennen.

Wenn wir in diesem Bild das Prinzip der Individualität hinzu nehmen, so besagt dieses - da Einheiten, wie bereits früher erwähnt, *individuell* sind - dass es in dieser Momentaufnahme zu dem gegebenen Stein im Bachbett innerhalb des ganzen ausgedehnten Bachbettes keinen zweiten gibt, der diesem in allen seinen Eigenschaften völlig gleicht. Es gilt der noch allgemeinere Satz, dass es zu diesem festgehaltenen Zeitpunkt in der ganzen empirischen Welt keinen zweiten Stein gibt, der dem Besagten in allen Hinsichten gleicht: Jeder Stein im Bachbett ist *individuell*. Gleiches gilt für die zweite Einheit, die wir im Beispiel identifiziert haben, den Strömungswirbel: Wir finden zu diesem festgehaltenen Zeitpunkt im ganzen Bach und sogar in der ganzen übrigen Welt keinen, der mit diesem vollkommen identisch wäre: Jeder Strömungswirbel im Bach ist *individuell*.

Wir haben bereits erwähnt, dass die Individualität nicht nur für die Einheiten der Empirie gilt, sondern auch für alle nur erdenklichen Ausschnitte aus derselben. Da wir uns hier in der statischen Betrachtung befinden, wir uns also die empirische Welt zu einem bestimmten Zeitpunkt „angehalten" denken, kann sich hier die Individualität nur auf *räumliche Ausschnitte* beziehen. In der dynamischen Betrachtung, die wir weiter unten anstellen, wird sie sich entsprechend nur auf *zeitliche Ausschnitte* beziehen. Greifen wir also einen räumlichen Ausschnitt aus unserem Bach heraus, etwa einen Bachabschnitt von sagen wir fünf Metern Länge. Wie für Ausschnitte aus der empirischen Welt typisch, besitzen wir für den Bachabschnitt keinen Namen und können ihn auch sonst nicht als echte Einheit der empirischen Welt wahrnehmen. Wir finden aber auch bei ihm, genau wie bei den Einheiten, die Individualität in vollem Umfang gültig. Denn in der ganzen räumlichen Ausdehnung des Baches, in seiner kilometerlangen Erstreckung, finden wir keinen zweiten Abschnitt, der dem Unsrigen in allen Eigenschaften vollständig gleichen würde. Und diesen identischen Bachabschnitt, nach dem wir suchen, finden wir auch in keinem anderen Bach, mögen wir auch noch so genau jeden anderen Bach auskundschaften. Allgemein gilt: In der ganzen empirischen Welt, auch in der ganzen Vergangenheit und der ganzen Zukunft, finden wir keinen dem Unsrigen identischen Bachabschnitt. Der Bachabschnitt ist eine auf diese Art in Zeit und Raum nicht wiederkehrende, eben *individuelle* Verkörperung von Eigenschaften.

Bleiben wir im Beispiel und nehmen wir nunmehr den Standpunkt der dynamischen Betrachtung ein. Wir lassen somit die Zeit wieder zu ihrem Recht kommen und setzen dafür – so gut es gehen will – die räumliche Dimension bei Seite. Beobachten wir als Erstes, auf welche Weise wir in der zeitlichen Dynamik das Prinzip der Einheitenbildung realisiert finden. Als Einheit können wir beispielsweise nochmals einen bestimmten Strömungswirbel identifizieren, jetzt jedoch in seiner zeitlichen Entwicklung genommen. Wir sehen ihn zu einem bestimmten Zeitpunkt in der Vergangenheit entstehen, sehen ihn eine Zeitlang existieren, als identifizierbare Einheit, und ihn sich schließlich irgendwann in der

Zukunft auflösen. In ähnlicher Weise entdecken wir andere Einheiten in der zeitlichen Dimension: etwa erneut der weiter oben zitierte Stein im Bachbett; oder eine Bachforelle, die wir zufällig innerhalb der Zeit unseres Beobachtens hätten vorbeischwimmen sehen; oder auch, als akustische Einheit, ein hörbares Glucksen des Baches. All diese Dinge bilden Einheiten nach dem Prinzip der Einheitenbildung. Die wir hier, in der dynamischen Sichtweise, aus dem empirischen Strom der Dinge als *in der Zeit* sich manifestierend herauslösen können.

Wie im statischen Fall finden wir auch hier im dynamischen Fall das Prinzip der Individualität erfüllt. Es besagt hier, dass in der gesamten Totalität der Zeit, in der gesamten Vergangenheit und in der gesamten Zukunft, niemals wieder ein gleicher Strömungswirbel, ein gleicher Stein im Bachbett, eine gleiche Bachforelle, oder ein gleiches Glucksen erschienen ist oder erscheinen wird. Die Einheiten der empirischen Welt sind *individuell*. Sowohl dem Raum als auch, wie hier, der Zeit nach. Sie sind weder im Raum noch in der Zeit *wiederholbar*. Nicht einmal *durch sich selbst*, womit ich meine, dass z.B. die Bachforelle, wie auch die anderen erwähnten Einheiten, sich selbst zu zwei verschiedenen Zeitpunkten ihrer Existenz niemals gleicht. Sie verändert sich fortwährend. Und zwar so, dass sie eine Konfiguration ihrer Eigenschaften, die sie zu einem bestimmten Zeitpunkt besitzt, niemals wieder durchläuft. Zu jedem Zeitpunkt ist sie *individuell*.

Wenn wir die Individualität auf einen *zeitlichen Ausschnitt* anwenden, so können wir die Geltung des Prinzips bestätigt sehen. Ich denke dabei, um das Repertoire unsrer Beispiel-sammlung zu erweitern, an einen zeitlichen Ausschnitt in Form eines Strömungsgeräusches, das wir, neben dem Bach stehend, hier und jetzt gerade hören. Dieses Strömungsgeräusch wird sich, in all seinen akustischen Eigenschaften wie Lautstärke oder Frequenzverteilung der Tiefen und Höhen, niemals wiederholen. Wir werden in der gesamten Zukunft, auch wenn wir Lebzeiten an derselben Stelle des Baches stehenbleiben - oder auch eine andere

Stelle einnehmen! – niemals wieder genau dieses Strömungsgeräusch hören. Gleiches gilt sinngemäß für alle Strömungsgeräusche in der Vergangenheit; diese hätten zwar dem unsrigen sehr ähnlich sein können, aber niemals exakt identisch mit diesem. Das Strömungsgeräusch, und mit ihm jeder andere Ausschnitt aus der empirischen Welt, ist *eine in dieser Art nicht wiederkehrende, eben vollkommen individuelle Verkörperung von Eigenschaften.*

Bevor wir gleich zu einem Beispiel aus der inneren Hälfte der empirischen Welt kommen, ist hier die richtige Stelle für eine ergänzende Bemerkung. Beide Prinzipien sind nicht nur beim Sehen und Hören realisiert, aus welchen beiden Bereichen die bislang eingeführten Beispiele stammen, sondern bei *allen unseren Sinnen*. Folglich neben Sehen und Hören auch bei den übrigen Sinnen Tasten, Riechen und Schmecken. Daher hätten wir auch Beispiele aus diesen Sinnesarten verwenden können, um das Zusammenspiel der Prinzipien und diese selbst zu erläutern. Außerdem sind die Prinzipien auch beim „inneren Sinn" realisiert, also in der inneren Hälfte der empirischen Welt. Man könnte daher auch – nach dem Berkeleyschen Satz *esse est percipi* - die Prinzipien nicht allein als formale Prinzipien *der empirischen Welt* charakterisieren, sondern völlig gleichwertig als formale Prinzipien *unserer Wahrnehmung*. Und zwar nicht nur der Wahrnehmung der Außen- sondern auch der Wahrnehmung unserer Innenwelt. Dies zur Ergänzung, ohne dass wir diese Wege weiterverfolgen werden.

Bei der inneren Hälfte der empirischen Welt, um den Faden wieder aufzunehmen, stellen wir in analoger Weise zunächst die statische, dann die dynamische Betrachtung an. Studieren wir hierzu die Welt der *Gefühle*, als eines der wesentlichsten Phänomene unseres Innenlebens, und nehmen aus dieser Welt ein bestimmtes Gefühl, das Gefühl der *Freude,* in näheren Augenschein. In der statischen Betrachtung, in der wir vom zeitlichen Verlauf abstrahieren, liegt das Gefühl der Freude als Einheit einfach vor.

Ich sage „liegt einfach vor" und will diese Formulierung, da sie beim Leser vermutlich Fragen aufwirft, in einen allgemeineren

Rahmen stellen. Es ist ein allgemeines Merkmal unsres Seelenlebens, dass hier im Grunde immer eine Einheit vorliegt, sei es in Form eines Gefühls, in Form eines Gedankens, eines Schmerzes, einer bildlichen Vorstellung, einer Willensregung oder ähnlichem. Wenn wir daher eine Momentaufnahme unseres Seelenlebens machen, finden wir stets eine Einheit vor. Diese Einheit ist zudem eindeutig bestimmt, da es zu einem festen Zeitpunkt immer nur eine einzige Einheit ist, die im Bewusstsein vorherrscht. - Wobei andere Einheiten entweder gerade im Begriff sind, ins deutliche Bewusstsein zu treten und damit die momentan vorherrschende abzulösen, oder umgekehrt gerade aus diesem entschwunden sind und ihren Platz freigemacht haben. Die Einheiten lösen sich in einem zeitlichen Nacheinander ab und es tritt in der Gegenwart immer nur eine einzige Einheit als die dominante ins Bewusstsein.

Dieser *Standardfall* unseres Seelenlebens, wenn wir ihn so nennen wollen, bewegt sich dabei zwischen zwei Extremen, dem Extrem des *einheitenlosen* Zustands und dem Extrem des *einheiten-konkurrierenden* Zustands. Den einheitenlosen Zustand erhalten wir, wenn wir bei einem Schnitt durch unseren Bewusstseinsstrom zufällig einen Augenblick treffen würden, in welchem die eine Einheit gerade durch eine andere Einheit abgelöst wird. Also dann, wenn wir uns *zwischen* zwei einander folgenden Einheiten befinden. Außerdem erhalten wir den einheitenlosen Zustand, wenn wir durch Versenkung einen Zustand der absoluten Ruhe in uns hervorrufen. Wenn wir bildhaft gesprochen eine „Meeresstille des Gemüts" empfinden. Einen Zustand mithin, in dem *keine* Einheiten mehr im Bewusstsein in Erscheinung treten. Das andere Extrem, der einheitenkonkurrierende Zustand, liegt dann vor, wenn zur gleichen Zeit zwei (oder mehr) Einheiten um die dominante Stellung im Bewusstsein konkurrieren. Dieser Zustand ist zum Beispiel realisiert, wenn wir „gemischte Gefühle" besitzen, oder auch wenn wir seelisch „hin- und hergerissen sind", oder auch, als Beispiel aus der Philosophiegeschichte, wenn wir uns wie Buridans Esel zwischen zwei Handlungen entscheiden sollen, deren Motive gleich stark und zur gleichen Zeit in unser Bewusstsein fallen.

Bei beiden Extremen handelt es sich um theoretische Extreme, da sie in der Praxis in ihrer Reinform nicht auftreten. Denn der absolut einheitenlose Zustand wird nie in Reinform verwirklicht, es gibt keine totale Meeresstille des Gemüts. Ebenso wenig wird der absolut einheitenkonkurrierende Zustand jemals Wirklichkeit, da niemals zwei Einheiten zum gleichen Zeitpunkt vollkommen gleich dominant in unser Bewusstsein treten – nach aller Erfahrung nicht, und im Übrigen schon deshalb nicht, da dieses sonst ein Verstoß gegen das Prinzip der Individualität darstellen würde. Weil es nach diesem in der empirischen Welt keine zwei Dinge geben kann, die *vollkommen gleich* sind, also auch keine zwei Einheiten, die mit *vollkommen gleicher Dominanz* im Bewusstsein vorhanden sind.

Der Leser wird jetzt besser verstehen, inwiefern das Gefühl der Freude als Einheit im Bewusstsein „einfach vorliegt". In der Art und Weise nämlich, als wir es in diesem Augenblick als dominierende Einheit konstatieren. Wir sehen es in diesem Augenblick aus dem Strom des Bewusstseins aufscheinen und hervortreten. Wir können es vom Hintergrund dieses Stroms und von den anderen Einheiten, die vor oder nach diesem Gefühl ins Bewusstsein treten, isoliert und abgetrennt wahrnehmen.

Da die Dimension des Raumes in unserem Bewusstsein fehlt, kann durch die statische Betrachtung eines Bewusstseins stets nur eine einzige Einheit beobachtet werden. Nämlich die in diesem Augenblick vorherrschende und dominierende. Im übertragenen Sinne jedoch, wie eingangs erwähnt, ist dem ungeachtet eine statische Betrachtung insofern dennoch möglich, indem wir das innere Erleben *anderer Menschen* hinzu ziehen. Während so in unserem Bewusstsein das Gefühl der Freude als Einheit hervortritt, können zur selben Zeit in anderen Menschen andere Einheiten hervortreten, zum Beispiel andere Gefühle wie Zorn, Mitleid oder Rührung, oder sonstige innere Einheiten wie Phantasiebilder oder Ideen.

Nach diesem Exkurs zurück zu unserem Beispiel. Nachdem wir gesehen haben, wie die Einheitenbildung in der inneren Hälfte der empirischen Welt, in unserer Seele, vonstatten geht, bringen wir nun das zweite Prinzip, die Individualität, ins Spiel. - Und zwar in der gerade beschriebenen übertragenen Art der statischen Betrachtung. Halten wir also einen Zeitpunkt fest und denken wir uns diejenigen Menschen nebeneinander gestellt, die zu diesem Zeitpunkt ein Freudegefühl in sich verspüren. Unter dieser statischen Betrachtung werden wir in jedem von ihnen eine unterschiedliche Ausprägung, eine andere Spielart oder wechselnde Facette dieses Freudegefühls beobachten können. Bei dem Einen wird es sich als feines Lächeln äußern, bei dem Anderen mit einem Freudenschrei. Bei dem Einen wird es eine Schadenfreude, bei dem Anderen eine Siegesfreude sein. Der Eine empfindet es als dauerhaft befreiend, der Andere nur als vorübergehende Aufhellung seiner Stimmung. Bei dem Einen enthält es vielleicht Anteile von Erhebung und Pathos, bei dem Anderen bleibt es auf dem Boden der Realität. Beim Einen wird es durch eine Erinnerung ausgelöst, bei dem Anderen vielleicht durch eine Preisverleihung. Kurzum: Es kann keine zwei Menschen geben, die zum selben Zeitpunkt ein in allen Hinsichten *gleiches* Gefühl der Freude spüren. Keine zwei Freudegefühle sind identisch. Das Gefühl der Freude ist zum selben Zeitpunkt in jedem von ihnen einzigartig und unverwechselbar, mithin *individuell.*

Gleiches gilt aber noch allgemeiner, nämlich nicht nur für die *Einheiten* unseres Bewusstseins, sondern für jeden beliebigen *Ausschnitt* aus der Welt unseres Inneren. Wobei *Ausschnitt* in diesem statischen Zusammenhang als momentaner *Bewusstseinsinhalt* zu verstehen ist. Halten wir einen beliebigen Zeitpunkt fest und nehmen die Bewusstseinsinhalte aller Menschen in Augenschein, so werden wir finden, dass kein Bewusstseinsinhalt des einen demjenigen eines anderen völlig gleicht. Jeder momentane Bewusstseinsinhalt eines jeden Menschen ist verschieden von den Bewusstseinsinhalten aller anderen Menschen. Auch in Vergangenheit und Zukunft wird niemals wieder in irgendeinem Bewusstsein genau dieser gegebene Bewusstseinsinhalt auftreten. Jeder Bewusstseinsinhalt ist in Zeit und Raum *individuell* und wiederholt sich nicht.

Soviel zur statischen Betrachtung, die dynamische, die wir jetzt in Angriff nehmen, wird dem Leser eingängiger sein, da unser Inneres ja eigentlich ausschließlich in der *Zeit* verläuft. Betrachten wir also *in der Zeit* das Gefühl der Freude im Bewusstsein eines beliebigen Menschen – etwa im Bewusstsein des Lesers! Erinnere dich an einen Anlass aus deinem Leben, bei dem du dich *gefreut* hast – nimm dir einen Augenblick Zeit und forsche in deiner Erinnerung nach, bis du ein Beispiel gefunden hast. Wenn du dir nun das Erlebnis des Gefühls vergegenwärtigst, so, wie es damals in deinem Bewusstsein aufgetreten ist, wirst du ohne weiteres die Beschreibung annehmen, die unser Prinzip der Einheitenbildung nahelegt: dass nämlich das Gefühl der Freude als eine *Einheit* aus deinem Bewusstseinsstrom hervorgetreten ist und als eine solche von dir identifiziert werden konnte – sonst wäre ja auch deine jetzige Erinnerung daran unmöglich!

Wenn du nun Individualität auf dein Freudegefühl anwendest, so sage ich dir, dass du in deinem ganzen vergangenen und in deinem ganzen zukünftigen Leben niemals wieder exakt genau diese Spielart des Freudegefühls empfunden hast oder empfinden wirst. Dein Gefühl der Freude, als Einheit deines Inneren, war *individuell* und stellt eine in Raum und Zeit auf diese Art nicht wiederkehrende Erscheinung dar. Zwar wirst du *ähnliche* Empfindungen der Freude in der Vergangenheit gespürt haben oder wirst *ähnliche* in der Zukunft spüren, aber *genau das gleiche* Gefühl ist weder in Vergangenheit noch Zukunft wiederholbar. Prüfe es selbst nach, indem du dir alle deine je empfundenen Freudegefühle neben einander stellst und sieh nach, ob du zwei völlig identische ausfindig machen kannst! Auch beim Vergleich mit einem anderen Menschen wirst du in dessen Gefühlswelt niemals eine exakte Kopie, eine identische Wiederholung deines Freudegefühls vorfinden können!

Zur Weiterführung der dynamischen Betrachtung unseres Inneren kannst du die Individualität, nachdem du die sie bei einer bestimmten *Einheit*, bei deinem Freudegefühl, eingesehen hast, auch viel allgemeiner auf einen *zeitlichen Ausschnitt* aus deinem Seelenleben anwenden. Dabei spielt es keine Rolle, welche Dauer und welchen Zeitrahmen du für den Ausschnitt ansetzen willst. Ebenfalls spielt es keine Rolle, wie viele Einheiten der Ausschnitt enthält. Oder welche Arten von Einheiten in ihm vertreten sind. Oder die Intensitäten, mit denen die einzelnen Einheiten auf dich wirken. Denn unabhängig von derlei spezifischen Charakteristika des Ausschnittes gilt die allgemeine, unumstößliche Wahrheit: Stellst du dir diesen zeitlichen Ausschnitt vor Augen, so wirst du niemals, weder in Vergangenheit noch Zukunft, einen vergleichbaren und völlig identischen zeitlichen Ausschnitt auffinden. Jeder zeitliche Ausschnitt aus deinem Seelenleben ist vollkommen *individuell* und wiederholt sich nicht – und dies gilt auch beim Vergleich mit zeitlichen Ausschnitten aus dem Seelenleben anderer Menschen.

2.2 BIOLOGISCHE EVOLUTION

Im vergangenen Abschnitt konnten wir anhand von Beispielen aus der Alltagswelt die Prinzipien veranschaulichen. Nunmehr, mit Beginn dieses Abschnittes, verlassen wir den vertrauten Boden der Alltagswelt und wenden uns stattdessen zwei Anwendungen der Prinzipien aus den Wissenschaften zu. Genauer gesagt werden wir die Prinzipien zum einen auf die BIOLOGISCHE EVOLUTION anwenden, und zum anderen auf die PHILOSOPHISCHE BEDEUTUNGSTHEORIE. Nicht ohne Grund wählen wir eine Anwendung aus der äußeren empirischen Welt (Evolution), eine zweite aus der inneren empirischen Welt (Bedeutungstheorie). Denn beim Studium der beiden Anwendungen soll, wie an früheren Stellen, die *Isomorphie* der beiden Hälften der empirischen

Welt, Innen und Außen, deutlich werden. Und damit die Gültigkeit der Prinzipien für die *gesamte* empirische Welt.

Wenn wir in diesen beiden besonders augenfälligen, und daher von mir *prototypisch* genannten Anwendungen erneut auf einem relativ anschaulichen Wege das Zusammenspiel der Prinzipien studieren, so geschieht dies auch als Propädeutik und Vorbereitung für das nächste Kapitel. Dort nämlich werden wir uns – die anschaulichen Beispiele und Anwendungen im Kopf – auf eine abstrakte und folglich weniger anschauliche Ebene erheben und die Prinzipien nach ihrem logischen Verhältnis und nach der Art ihrer Erkenntnis hin untersuchen.

Die biologische Evolution macht die Prinzipien auf prototypische Weise deutlich. Sie liefert uns ein Bild, ein Gleichnis, ja, nachgerade eine *Allegorie* dessen, wie die *Veränderung* in der Welt vor sich geht: nämlich gemäß Individualität und Einheitenbildung. Wir werden dabei nach demjenigen Schema vorgehen, das wir im vergangenen Abschnitt entwickelt haben, und werden die Evolution daher zunächst in *statischer Hinsicht* betrachten, also nur im Raum, und anschließend in *dynamischer Hinsicht*, also nur in der Zeit. Ein eventuell vom Leser als „gebetsmühlenartig" empfundenes Vorgehen, zugegeben, allein das „Gebetsmühlenartige" ist hier nur eine abwertende Bezeichnung für das *Systematische*. Und auf ein *systematisches Vorgehen*, wie mein Leser mir gewiss beistimmt, *kommt alles an*, in der Philosophie wie in der Wissenschaft im Allgemeinen.

Vergegenwärtigen wir uns das evolutive Geschehen zu einem festen Zeitpunkt, zum Beispiel dem gegenwärtigen Augenblick, um einen statischen Standpunkt einzunehmen. Beschränken wir uns außerdem der besseren Übersicht halber auf das Tierreich und hier auf die *Mammalia*, die Säugetiere. Im gegenwärtigen Augenblick sehen wir beispielsweise den *Tiger* als rezentes Säugetier aus der Evolution hervorgegangen. Jeder einzelne Tiger als Individuum bildet eine *Einheit* nach dem Prinzip der Einheitenbildung, und zwar genauer, um in unseren Grundbegriffen zu arbeiten, eine *einzelne Einheit*. Überdies aber bildet auch die Menge aller Tiger eine Einheit, eine *abstrakte Einheit der ersten Stufe,* indem die ähnlichen Individuen, die einzelnen Tiger, zu einer Menge, der *Art* Tiger, zusammengefasst werden. Abstrahieren wir weiter, so gelangen wir zu *höherstufigen Einheiten,* als nächstes zum Gattungsbegriff, in unserem Beispiel zur Gattung der *Panthera,* welche außer dem Tiger als weitere rezente Arten den Löwen, den Leoparden und den Jaguar umfasst. Wir steigen weitere Ebenen nach oben, bis wir schließlich über die Familie der Katzen *(feloidae)* und über die Ordnung der Raubtiere *(carnivora)* irgendwann zur Klasse der Säugetiere *(mammalia)* gelangen – wobei wir Zwischenkategorien wie Überfamilie oder Unterklasse ausgelassen haben. Auf diese Art und Weise sehen wir im gegenwärtigen Augenblick – ohne Einbeziehung zeitlicher Entwicklungen - die Einheitenbildung realisiert.

Wenden wir das Prinzip der Individualität an, und zwar zunächst auf die biologischen *Einheiten,* angefangen vom einzelnen Tiger fortschreitend bis zu den abstrakten Einheiten wie Art oder Gattung. Anschließend auf *räumliche Ausschnitte* aus der empirischen Welt, im hiesigen Falle also auf räumliche Ausschnitte aus dem evolutiven Geschehen. *Zeitliche Ausschnitte* werden wir dann weiter unten in der dynamischen Betrachtung untersuchen.

Analog zu früheren Beispielen sagen wir, dass jeder einzelne Tiger, als Einheit der empirischen Basis, auf seine Weise eine *individuelle,* nicht wiederholbare Verkörperung von Eigenschaften darstellt. Es kann, statisch betrachtet, im gegenwärtigen Augenblick keine zwei völlig identischen Tiger geben, mögen wir auch alle existierenden Tiger miteinander vergleichen. Anders gewendet, aber logisch äquivalent: Stelle zwei beliebige Tiger nebeneinander, so wird es immer Unterschiede zwischen ihnen geben, sei es in der Anatomie, im Verhalten, in ihrer charakteristischen Musterung oder anderen Eigenschaften. Biologische Einheiten sind *individuell* – auch zu jedem anderen gewählten Zeitpunkt.

Wir finden, dass die Individuen, als grundlegende Einheiten, dem Gesetz der Individualität unterliegen. Wie verhält es sich aber mit den abstrakten Einheiten? Können wir – in der statischen Betrachtung - sinnvoll davon sprechen, dass Arten oder Gattungen individuell sind? Mindestens jedenfalls in dem früher erwähnten Sinn, dass sich die Individualität der Individuen auf ihre Art *überträgt* und *vererbt*, so dass wir also bei abstrakten Einheiten von einer abgeleiteten Individualität sprechen können. Die abgeleitete Individualität haben wir früher, zur Unterscheidung von der eigentlichen Individualität der empirischen Basis, auch die *uneigentliche* genannt. Zu bemerken ist in diesem Zusammenhang, dass wir uns beim Höhersteigen in den abstrakten Einheiten, wir also hier zu den Gattungen, Familien und Ordnungen übergehen, immer weiter von der eigentlichen Individualität der empirischen Basis entfernen.

Wir dürfen aber im statischen Fall von der Individualität einer Art oder Gattung auch im *eigentlichen* Sinne sprechen, insofern, als dass eben nur die eine Art oder Gattung in diesem Augenblick *existiert*. Um das für den Artbegriff zu verdeutlichen: Es gibt eben im gegenwärtigen Zeitpunkt nur *eine* Art der Tiger, es gibt keine *zweite* oder *dritte* Art der Tiger, die wir als Vergleichspunkt neben die erste stellen könnten. In dieser Hinsicht ist für abstrakte Einheiten die eigentliche Individualität so offensichtlich erfüllt, dass es schwerfällt es einzusehen.

Gehen wir aber zu den *Ausschnitten* über. Auch bei diesen finden wir die Individualität realisiert. Im statischen Fall betrachten wir ausschließlich *räumliche Ausschnitte* aus dem evolutiven Geschehen, welche ungefähr mit den *Lebensräumen der Ökologie* gleichzustellen wären. Das Prinzip besagt, dass jeder Lebensraum *individuell* ist. Das bedeutet, dass man zwei Lebensräume, mag man sie auch ähnlich finden in ihrer Größe, in ihrem Klima, im Breitengrad, im ph-Wert des Bodens und so weiter – nie wird der eine dem anderen in allen Rücksichten *vollständig gleichen*. Ins Positive gedreht: Es gibt immer Rücksichten, in denen sie sich unterscheiden. Lebensräume, wie alle räumlichen Ausschnitte, sind in Zeit und Raum individuell.

Die dynamische Sicht, zu der wir jetzt kommen, ist die charakteristische für die Evolution, da in dieser ja gerade das zeitliche Evolvieren, die Chronologie der Ereignisse im Mittelpunkt steht. In der Dynamik bertachten wir keinen *Querschnitt* zu einem bestimmten Zeitpunkt, wie im statischen Fall, sondern einen *Längsschnitt* entlang der Zeitachse des evolutiven Geschehens. Auch in dieser Sichtweise sehen wir, dass die Prinzipien eine adäquate Beschreibung der Veränderung liefern. Eine Beschreibung, um diesen Punkt hier einmal hervorzuheben, welche sich aber nur auf das *Formale* der empirischen Welt bezieht. Die Prinzipien, eben darum auch *Formprinzipien* genannt, beschreiben die allgemeinsten *formalen Rahmenbedingungen*, unter denen uns die empirische Welt erscheint. In diesem Sinne sprechen wir von dem Inhalt des vorliegenden Buches als von einer *formalen Ontologie*. Was mithin bedeutet, dass in der empirischen Welt DER FORM NACH NUR EINHEITEN UND INDIVIDUALITÄT EXISTIEREN. Wir werden diesen wichtigen Punkt später ausführlicher behandeln.

In der dynamischen Sichtweise, die wir jetzt einnehmen, wollen wir uns zunächst auf die Einheitenbildung konzentrieren. Und hier im ersten Schritt auf die Individuen, also die biologischen Einheiten auf der untersten empirischen Ebene. Auf dieser untersten Ebene sehen wir im Verlauf der Evolution unzählige Einheiten in Form von Organismen in die Existenz treten und sich, nach einer kürzeren oder längeren Lebensspanne, wieder auflösen. Auf der nächsthöheren Ebene begegnen wir im zweiten Schritt der Einheitenbildung bei den Arten. Im Zuge der Evolution bilden sich diese abstrakten Einheiten der ersten Stufe heraus, sind während ihrer Existenz einem beständigen Wandel unterworfen, und lösen sich schließlich wieder auf – wobei die „Auflösung" natürlich anders vor sich geht als bei den Einzelorganismen. Das Gleiche gilt für die höheren Ebenen der Gattungen oder Familien, auch sie tauchen gleichsam für eine

Zeitlang aus dem Fluss der empirischen Welt auf und können als Einheiten identifiziert werden.

Auf den Ebenen der Einheitenbildung finden wir die Individualität wieder. Für jeden Organismus, als einzelne Einheit genommen, gilt nämlich, dass er eine *individuelle Verkörperung von Eigenschaften* darstellt, die in dieser Art und Weise nicht wiederholbar ist. Auf das Beispiel des Tigers bezogen bedeutet dies, dass für ein gegebenes Exemplar eines Tigers kein zweites Exemplar existiert, das diesem vollkommen gleich ist, mit diesem in allen Beziehungen identisch wäre. In der gesamten Vergangenheit und in der gesamten Zukunft werden wir kein mit diesem vollständig vergleichbares Exemplar antreffen. Stets wird es eine Hinsicht geben, in welcher sich zwei Tiger unterscheiden, sei es in der Anatomie, im Funkeln der Augen, in der Härte der Krallen, in der Aggressivität des Verhaltens oder in einer anderen Eigenschaft.

Die Individualität bestätigt sich aber nicht nur bei einem Vergleich zwischen zwei Tigern, sondern auch bei einem Vergleich eines einzelnen Tigers mit sich selbst. Das heißt, dass er sich zu zwei verschiedenen Zeitpunkten niemals vollständig selbst gleicht. Es wird mindestens eine Eigenschaft geben, hinsichtlich welcher er sich zu zwei Zeitpunkten unterscheidet. Er stellt *zu jedem Zeitpunkt* eine individuelle Verkörperung von Eigenschaften dar, er wird sich so, wie er sich zu einem bestimmten Zeitpunkt manifestiert, durch sich selbst niemals wiederholen.

Hier fällt mir gerade ein, dass ich oben von den Organismen der Biologie als von den „Einheiten der untersten empirischen Ebene" gesprochen habe. Bei Bedarf können wir noch tieferliegende biologische Gegenstände einbeziehen, wie zum Beispiel einzelne Gene oder ganze DNA-Stränge, welche Gegenstände ja auch in der Diskussion nach den Angriffspunkten der evolutiven Mechanismen eine Rolle spielen. Unschwer ist eine Einbeziehung dieser Gegenstände in unser Schema möglich, da auch sie *Einheiten* nach dem Prinzip der Einheitenbildung darstellen, und sie andererseits, wie alle Einheiten der empirischen

Welt, der *Individualität* unterworfen sind; denn auch einzelne Gene oder ganze DNA-Stränge sind *individuell*.

Auf den höheren Ebenen der Arten, Gattungen und Familien finden wir ebenfalls Individualität eingelöst. Exemplarisch soll dies bei den Arten als abstrakte Einheiten der ersten Stufe überprüft werden. Wir stoßen dabei aber aufs Neue auf die Frage, wie wir die Individualität bei abstrakten Einheiten verstehen sollen. In Anlehnung an frühere Fälle können wir abstrakte Einheiten, hier die biologischen Arten, insofern als individuell auffassen, als sich die Individualität der Einzelorganismen, die *eigentliche* Individualität, auf den Artbegriff überträgt und vererbt. Die Individualität von Arten wäre mithin als eine abgeleitete Form, als ein Derivat der eigentlichen Individualität der Einzelorganismen zu interpretieren.

Diese *uneigentliche Individualität* können wir dem Artbegriff und jeder anderen abstrakten Einheit in jedem Fall zusprechen. Da wir uns hier aber in einer dynamischen Sicht der Dinge befinden, ist auch eine sinnfällige Zusprechung der *eigentlichen Individualität* möglich. Dadurch nämlich, dass wir nun, im Unterschied zur statischen Sicht, *Vergleichspunkte* auch auf den abstrakten Ebenen der Evolution besitzen. In der statischen Sicht hatten wir ja, wie dort erwähnt, keine solche Vergleichspunkte, sprich keine *zweite* oder *dritte* Art, mit denen wir eine vorliegende Art hätten vergleichen können und so, in Abgrenzung zu diesen, Individualität feststellen hätten können. Nun aber, in der dynamischen Betrachtung, in der wir über die *Zeitachse* verfügen, besitzen wir solche Vergleichspunkte, und sogar in doppelter Hinsicht.

Denn wir können uns erstens in einem Gedankenexperiment vorstellen, zwei Arten hätten sich so entwickelt, dass sie denselben Phänotyp, dasselbe Genom, denselben Umfang an Einzelorganismen besitzen. Dabei spielt es keine Rolle, zu welchen Zeitpunkten der Evolution die zwei Arten auftreten, ob zur gleichen Zeit oder zeitlich getrennt. Ebenfalls können wir offen lassen, auf welchem Wege dies geschehen sei, ob durch konvergente Evolution oder andere Mechanismen. Denn der wesentliche Punkt dabei bleibt derselbe: Auch in den so konstruierten Fällen wird es *Unterschiede* zwischen den zwei Arten geben. Denn jede Art ist für sich genommen eine *individuelle Verkörperung von Eigenschaften*. Und zwar individuell im *eigentlichen* Sinn.

Zweitens sehen wir die eigentliche Individualität eingelöst, wenn wir die abstrakten Einheiten, hier die Arten, mit *sich selbst* vergleichen. Als Vergleichspunkt müssen also nicht notwendig andere Arten dienen, auch die Art selbst, zu verschiedenen Zeitpunkten betrachtet, stellt einen solchen Vergleichspunkt dar. Denn an einer Art finden Generation für Generation minimale *Veränderungen* statt, die im Zuge der Evolution kumuliert werden. Eine Art ist also in einem Wandel begriffen, wobei in diesem Wandel zudem niemals dieselbe Konfiguration wiederholt wird, die Art sich also zu zwei verschiedenen Zeitpunkten immer *von sich selbst* unterscheidet. Es wird nie zwei Zeitpunkte geben, in denen eine Art sich selbst vollständig in allen Eigenschaften gliche. In dieser *eigentlichen* Bedeutung sind Arten *individuell*.

Zu guter Letzt greifen wir einen *zeitlichen Ausschnitt* aus der Evolutionsgeschichte heraus und vergleichen ihn mit einem beliebigen anderen Ausschnitt derselben zeitlichen Dauer. Und auch hier finden wir das Gesetz der Individualität wieder, welches besagt, dass sich zwei Ausschnitte derselben Dauer niemals *völlig gleichen*. Sie enthalten Eigenschaften, in denen sie sich *unterscheiden*, wie spezifische klimatische Bedingungen, spezifische Artenvielfalt, spezifische Artenanzahl, spezifische ökologische Gleichgewichte und so fort. Das Spezifische an einem zeitlichen Ausschnitt ist aber nichts anderes als dessen *Individualität*. Kein zeitlicher Ausschnitt kann jemals durch einen anderen Ausschnitt in exakter Gleichheit wiederholt werden. Wir können beide Ausschnitte niemals zur völligen Deckung bringen.

Es bleibt noch, als nachgestellte Ergänzung, auf eine Entsprechung hinzuweisen. Wie nämlich die statische Betrachtung der Taxonomie des Carl von Linné entspricht, so entspricht die dynamische Betrachtung der Sichtweise Darwins. Linné legt den Schwerpunkt auf eine *Artenkonstanz*, Darwin auf eine *Artenveränderung*. Linné betont das *Bleibende* und *Beharrende* in der Welt, Darwin den *Wechsel* und *Wandel*. Eine Entsprechung, die sich in die Philosophie hinein fortsetzen lässt, indem wir die statische Betrachtung in der Denkweise des Parmenides wiederfinden und die dynamische in der Weltanschauung des Heraklit.

2.3 PHILOSOPHISCHE BEDEUTUNGSTHEORIE

Wurde am Beispiel der biologischen Evolution die *äußere Hälfte* der empirischen Welt betrachtet, so werden wir uns jetzt der *inneren Hälfte* widmen, der Welt des „inneren Sinnes", und auch hier eine prototypische Veranschaulichung der Prinzipien geben. Und zwar in der Frage nach der *Bedeutung von Begriffen*. Getreu unserem methodologischen Credo „Beispiele tun oft mehr, als viel Wort und Lehr'" werden wir dies anhand eines Beispiels tun, im vorstehenden Fall anhand des Begriffs der „Besonnenheit", und wollen dessen Bedeutung vor dem Hintergrund der aufgestellten Prinzipien beleuchten. Diese exemplarische Analyse stellt aber keine Beschränkung der Allgemeinheit dar, denn die Prinzipien und die am Beispiel dargelegten Sachverhalte gelten für *jeden Begriff* und dessen Semantik.

Ich wähle bewusst einen Begriff als Beispiel, „Besonnenheit", dessen Bedeutung rein psychischer Natur ist. Dieser besitzt also kein äußeres Objekt als Korrelat, wie das etwa bei Begriffen wie „Orchidee", „Brettspiel" oder „Mensch" der Fall ist. Denn gerade die Begriffe mit rein psychischer Bedeutung sind es, die in der Philosophie von gesteigertem Interesse sind und deren Wesensbestimmung uns Schwierigkeiten bereitet.

Allgemein gesagt besteht die Grundstruktur der Bedeutung von Begriffen darin, dass wir auf der einen Seite ein *Abstraktum* haben, bei uns das Abstraktum „Besonnenheit", und auf der anderen

Seite dessen *Verwendungen* in den einzelnen Sprechsituationen. Die Bedeutung des Abstraktums „Besonnenheit" ergibt sich dabei unter Bezugnahme auf die Verwendungen des Begriffs, unter Bezugnahme auf die einzelnen Situationen, in denen einer Person Besonnenheit zugesprochen wird. Um diese Relation von abstrakter Bedeutung und einzelnen Verwendungen zu analysieren, greifen wir gemäß unserem Schema erst auf eine statische, dann auf eine dynamische Beschreibung zurück – was aber, das sei zur Abwendung von Unlust beim Leser angemerkt, das letzte Mal in diesem Buch sein wird, dass wir die „Gebetsmühle" von „statisch und dynamisch" drehen werden.

In welcher Weise sehen wir bei fester Zeit, statisch, das Prinzip der Einheitenbildung am Werk? Zunächst deuten wir jede Verwendung des Begriffs „Besonnenheit" als eine solche Einheit. Genauer gesagt deuten wir die Verwendungen des Begriffs als *Einzeleinheiten* auf der untersten empirischen Ebene. Ich verstehe somit jede Situation, in denen der Begriff „Besonnenheit" von einem Sprecher verwendet und einer Person zugesprochen wird, als eine solche Einzeleinheit.

Die Einheitenbildung manifestiert zudem auf abstrakter Ebene, und hier zunächst so, dass wir den abstrakten Begriff „Besonnenheit" als *abstrakte Einheit der ersten Stufe* identifizieren können. Dieser enthält ja in seiner Semantik alle Einzeleinheiten von „Besonnenheit". Er umfasst alle einzelnen Verwendungen seiner selbst als Repräsentanten.

Höhere abstrakte Einheiten werden gebildet, wenn wir neben „Besonnenheit" noch weitere Einheiten der ersten Stufe hinzunehmen und daraus den Begriff „Tugend" bilden. Dieser enthält neben „Besonnenheit" weitere Einheiten der ersten Stufe, zum Beispiel „Tapferkeit", „Fleiß", „Gerechtigkeit" oder „Mäßigung". Der Begriff „Tugend" stellt somit, wie wir bereits an früherer Stelle festgestellt haben, eine *abstrakte Einheit der zweiten Stufe dar.*

Das Prinzip der Individualität können wir nun auf die erwähnten Einheiten anwenden. Beginnen wir mit den Einzeleinheiten der empirischen Basis: jede einzelne Verwendung des Begriffs „Besonnenheit", ist *eine auf diese Art nicht wiederkehrende Verkörperung von Eigenschaften.* Da wir uns im statischen Fall befinden, bedeutet dies, dass es zu einem festen Zeitpunkt auf der ganzen Welt keine zwei Situationen gibt, in denen „Besonnenheit" in identischer Weise verwendet wird. Jede einzelne Verwendung von „Besonnenheit" ist *individuell.*

Beim Übergang zu den abstrakten Einheiten begegnen wir wie im vergangenen Abschnitt der Frage, inwiefern wir diesen Individualität zusprechen sollen. Wie dort, als wir die Frage im Rahmen der Evolution untersucht haben, können wir in dem Sinne von der Individualität abstrakter Einheiten sprechen, als dass sich die Individualität der Einzeleinheiten, hier der Verwendungen des Begriffs, auf den abstrakten Begriff und seine Bedeutung *überträgt* und *vererbt,* und so auch der abstrakte Begriff, hier „Besonnenheit", im uneigentlichen Sinne individuell wird.

Alternativ lässt sich von einem individuellen Begriff in der Hinsicht sprechen, als dass es nur diesen einen Begriff mit der Bedeutung „Besonnenheit" gibt. Es gibt keinen *zweiten* oder *dritten* Begriff mit vergleichbarer Semantik, welche als Vergleichspunkte für das Feststellen von Individualität dienen könnten. Das heißt, wir erlangen allein durch die eindeutige Existenz − wie im Fall der biologischen Arten − Individualität. Und zwar *eigentliche* Individualität.

Im Unterschied zum biologischen Artbegriff können wir aber den abstrakten Einheiten unseres Inneren noch viel sinnfälliger die *eigentliche Individualität* zuschreiben. Denn wir haben, in Relativierung des oben Gesagten, insofern *doch* Vergleichspunkte, indem wir nämlich die Bedeutung von Begriffen *über die Menge aller Menschen hinweg* beobachten. Wir also, hier zu einem statisch festen Zeitpunkt, deren Auffassungen von der Bedeutung eines Begriffs vergleichen können. Bei diesem Vergleich werden wir aber feststellen, dass sich deren Auffassungen *unterscheiden.* Jeder einzelne Mensch hat eine andere Auffassung von der Bedeutung von „Besonnenheit". Die Bedeutung von „Besonnenheit" - und aller anderen Begriffe - ist zu einem festen Zeitpunkt *individuell*, und zwar, wie gerade gezeigt, im eigentlichen, ursprünglichen Sinne.

Dieselben Deutungen der Individualität gelten für höhere abstrakte Einheiten, etwa für den oben zitierten Begriff der „Tugend", als einer Einheit der zweiten Stufe. Von einer Wiederholung des Gesagten will ich daher absehen. Stattdessen sollten wir, wenigstens kursorisch, *Ausschnitte* aus der inneren Hälfte der empirischen Welt betrachten – in unserem Beispiel also Ausschnitte hinsichtlich *semantischer Fragen*. Wie können wir im statischen Fall sinnvoll von einem *räumlichen Ausschnitt* sprechen? Wohl nur in einem analogischen Sinn, da wir ja in der inneren Hälfte der empirischen Welt der Dimension des Raumes ermangeln. Wir hatten im Fall der Evolution von räumlichen Ausschnitten im Sinne von „Lebensräumen" gesprochen. Was hindert, uns in Analogie zu diesen biologischen Lebensräumen uns hier nun *semantische Lebensräume* vorzustellen, oder besser *Bedeutungslandschaften,* in denen die Bedeutungen von Begriffen beheimatet sind? Es handelt sich bei diesen „Landschaften" also um jene Teile unseres Bewusstseins, welche sich spezifisch auf die semantische Ebene beziehen. Dabei können wir jedem Menschen zu jedem Zeitpunkt eine solche Landschaft zuweisen, und diese umfasst den gesamten Korpus, die vollständige Summe aller Bedeutungen von Begriffen, über die der gewählte Mensch verfügt. Der Individualität begegnen wir auch hier: wir nehmen eine bestimmte Bedeutungslandschaft eines Menschen heraus und vergleichen diese mit allen anderen Bedeutungslandschaften aller anderen Menschen (bzw. natürlich auch mit den Bedeutungslandschaften desselben Menschen, die er zu einem anderen Zeitpunkt besitzt). Als Ergebnis des Vergleichs wird sich zeigen, dass die Landschaft *individuell* ist. Jede Bedeutungslandschaft stellt eine in Zeit und Raum *nicht wiederkehrende, eben individuelle Verkörperung von Eigenschaften dar.*

Wenden wir uns der Dynamik zu und untersuchen die Semantik von „Besonnenheit" unter dem Gesichtspunkt der zeitlichen

Veränderung. Aufs Neue sehen wir hier - ganz wie im statischen Fall – das Prinzip der Einheitenbildung auf mehreren Ebenen wirksam werden.

Auf der untersten empirischen Ebene sehen wir wiederum Sprechsituation stattfinden, in denen der Begriff „Besonnenheit" dem Verhalten einer Person zugesprochen wird. Wir hatten ja, zur Erinnerung, die einzelnen Verwendungen des Begriffs als *Einzeleinheiten* gedeutet, und diese an der Basis der empirischen Welt festgemacht. Im dynamischen Fall begegnen wir nun den Sprechsituationen nicht mehr in ihrem *räumlichen Nebeneinander*, wie im statischen Fall, sondern in ihrem *zeitlichen Nacheinander*, in ihrer Chronologie. Für unser Beispiel bedeutet das, dass wir alle Sprechsituationen, in denen in Vergangenheit oder Zukunft der Begriff „Besonnenheit" verwendet wird, uns als Punkte auf der Zeitachse angeordnet denken, um sie miteinander zu vergleichen.

Auf der nächsthöheren Ebene identifiziert man in ähnlicher Weise den Begriff „Besonnenheit" als weitere Einheit, als *abstrakte Einheit der ersten Stufe*, den wir jetzt in seiner zeitlichen Entwicklung betrachten. Wir sehen ihn zu einem unbekannten Zeitpunkt in der Vergangenheit entstehen, das heißt, in den Sprachgebrauch eindringen, sehen ihn während seiner „Lebensdauer", wenn man so will, sich verändern und schließlich irgendwann in der Zukunft sich auflösen, wenn der Begriff nicht mehr im Sprachgebrauch verwendet wird. Dasselbe gilt sinngemäß für abstrakte Einheiten noch höherer Stufe wie etwa den Begriff „Tugend".

Soviel zur Einheitenbildung, unser zweites Prinzip, die Individualität, tritt im dynamischen Fall in derselben Weise auf den Plan, wie wir dies an allen bisher behandelten Einheiten der empirischen Welt nachvollziehen konnten. Will sagen, die Individualität betrifft neben den Einzeleinheiten genauso die abstrakten Einheiten. Individuell sind in unserem Beispiel also die *einzelnen Verwendungen* von „Besonnenheit", genauso wie der *abstrakte Begriff* „Besonnenheit" und seine höherstufigen Verwandten.

Denn wenn wir uns zwei beliebige Verwendungen von „Besonnenheit" vor unser geistiges Auge stellen, etwa eine aus der Antike und eine aus der heutigen Zeit, so finden wir notwendig *Unterschiede* zwischen ihnen. Es wird und kann niemals zwei Sprechsituationen geben, in denen „Besonnenheit" in genau identischer Bedeutung verwendet wird. Eine jede Verwendung von „Besonnenheit", und allgemeiner jede Verwendung eines beliebigen Begriffs, ist *individuell*. Eine einzelne Verwendung bleibt einzigartig, unverwechselbar und steht für alle Zeit nur für sich allein. Sie kann niemals in ihrer Eigenart von einer anderen Verwendung – obwohl desselben Begriffs! – wiederholt und identisch reproduziert werden. Auch wenn wir wirklich *alle* Verwendungen von „Besonnenheit", alle vergangenen und alle zukünftigen, zusammen stellen und ganz genau untersuchen, so werden wir in den abertausenden Verwendungen, die zum Vergleich stehen, in der Tat keine zwei finden, sie sich *gleich* wären. Jede einzelne von diesen abertausenden Verwendungen ist *individuell*.

Auf den Ebenen der abstrakten Begriffe finden wir ebenso die Individualität eingelöst. Angelehnt an früher Gesagtes können wir abstrakte Einheiten, im Beispiel den Begriff „Besonnenheit", insofern als individuell auffassen, indem sich die Individualität der Einzeleinheiten, hier die einzelnen Verwendungen des Begriffs, auf das Abstraktum „Besonnenheit" und dessen Bedeutung *überträgt* und *vererbt*. Denn der Begriff „Besonnenheit" umfasst und enthält ja alle Verwendungen, in denen „Besonnenheit" im Einzelfall zugesprochen wird, und damit „umfasst" und „enthält" er auch die Individualität aller einzelnen Verwendungen. Die Individualität von „Besonnenheit" wäre so gesehen wieder als eine uneigentliche, weil *abgeleitete* Form zu begreifen.

Diese *uneigentliche Individualität* dürfen wir in der Bedeutungstheorie jeder abstrakten Einheit zusprechen. Zudem ist aber eine Zusprechung der *eigentlichen Individualität* möglich. Dadurch, dass wir auch hier über Vergleichspunkte verfügen, in Abgrenzung zu welchen Individualität festgestellt werden kann. In der statischen Sicht verfügen wir über Vergleichspunkte, indem wir zu einem festen Zeitpunkt die Auffassung von unterschiedlichen Menschen hinsichtlich der Bedeutung von „Besonnenheit" gegenüberstellen. Nunmehr aber, in der dynamischen Sicht, besitzen wir sogar *in doppelter Hinsicht* Vergleichspunkte, welche beide Hinsichten durch die Hinzunahme der Zeitachse entstehen.

Denn greifen wir uns erstens einen beliebigen Menschen mit seiner Auffassung der Bedeutung von „Besonnenheit" aus der Menge aller Menschen heraus, und zwar zu einem beliebigen Zeitpunkt, so ist dessen Auffassung von „Besonnenheit" *individuell* im Vergleich zu den Auffassungen *aller anderen Menschen*, die wir zu einem *anderen beliebigen Zeitpunkt* herausgreifen. Um eine Umschreibung in anderen Worten zu geben: die Bedeutung eines Begriffs, wie sie sich zu irgendeinem Zeitpunkt in dem Bewusstsein eines Menschen manifestiert, wird niemals, und *wirklich niemals*, von der Bedeutung desselben Begriffs in dem Bewusstsein eines anderen Menschen *wiederholt*. Für jedes menschliche Bewusstsein gilt zu jedem Zeitpunkt die Individualität der Bedeutung von „Besonnenheit". Und allgemeiner, der Bedeutung eines jeden Begriffs! Denn die Bedeutung eines Begriffs ist ein empirisches Phänomen, aber ALLES EMPIRISCHE IST INDIVIDUELL.

Zweitens wird die eigentliche Individualität eingelöst, wenn wir die abstrakten Einheiten, also hier Begriffe und ihre Bedeutung, mit *sich selbst* vergleichen. Damit ist gemeint, dass wir als Vergleichspunkt für ein menschliches Bewusstsein dieses selbst verwenden, und so bei einem bestimmten Begriff beobachten, wie sich dessen Bedeutung in diesem Bewusstsein über die Zeit hinweg verhält. Unsre Beobachtung führt auf das Resultat, dass die Bedeutung eines Begriffs in einem *beständigen Wandel* begriffen ist. Wobei zudem in diesem Wandel *niemals dieselbe Konfiguration* wiederholt wird, die Bedeutung eines Begriffs also niemals einen bereits früher realisierten Zustand wieder durchläuft. Die Bedeutung eines Begriffs *verändert* sich von Augenblick zu

Augenblick. Die Bedeutung eines Begriffs ist in jedem Augenblick *individuell.*

Zum Abschluss der dynamischen Betrachtung, und als finale Umdrehung der Gebetsmühle von „statisch und dynamisch", wenden wir die Individualität noch auf *zeitliche Ausschnitte* an. Gehen wir erneut in das Bild der Bedeutungslandschaften, als dem Korpus der Bedeutungen aller Begriffe, über die ein menschliches Bewusstsein zu einem bestimmten Zeitpunkt verfügt. Das Individuelle in diesen - jetzt in ihrem zeitlichen Verlauf aufgefassten - Ausschnitten besteht darin, dass eine Landschaft, deren Veränderung wir über einen *bestimmten Zeitraum* beobachten, sich niemals durch eine andere Landschaft *derselben Zeitdauer* exakt wiederholen lässt. Sie niemals exakt dieselbe Veränderung mitmacht. Jeder zeitliche Ausschnitt eines Bewusstseins ist *individuell.*

Ich sehe in der gegenwärtigen Semantik zwei Theorien vorherrschen: zum einen die Prototypentheorie der Bedeutung und zum anderen das Konzept der Familienähnlichkeit von Wittgenstein. Es ergibt sich in natürlicher Weise eine Einbettung dieser Theorien in das Schema unserer Prinzipien. Die Prototypentheorie nämlich fokussiert auf das Prinzip der Einheitenbildung, dergestalt, dass aus den Einzeleinheiten durch Vorliegen von *Ähnlichkeit* eine abstrakte Einheit, eine prototypische, herausgebildet werden soll. Das Konzept der Familienähnlichkeit hingegen fokussiert auf das Prinzip der Individualität, indem die *Unterschiede* der Einzeleinheiten hervorgehoben werden; wobei die Unterschiede als Familien-ähnlichkeiten vorliegen sollen.

Wir sehen jedoch beide Theorien die dynamische Komponente der Prinzipien vernachlässigen und sich einseitig auf eine statische Beschreibung der Dinge beschränken. Die Unterschiede und Ähnlichkeiten, wie sie sich an den Dingen *über die Zeit hinweg* manifestieren, sprich die Art und Weise ihrer *Veränderung,* werden vernachlässigt. Ich will dies am Beispiel der Familienähnlichkeit deutlich machen – ein Konzept im Übrigen, das bekanntlich nicht originär auf Wittgenstein zurückgeht, sondern sich etwa bereits bei Schopenhauer und Nietzsche findet. Originär von Wittgenstein, und das müssen wir ihm als geniale Idee zu Gute halten, war die metaphorische Übertragung des Konzepts auf Fragen der Semantik. Vielleicht aber gerade wegen dieser bildhaften Denkweise, die sich hier als metaphorische Übertragung geäußert hat, war er nicht imstande, seine Idee auch auf systematische Begriffe zu bringen. Er konnte seine Idee nur bildlich an einem Einzelfall ausdrücken, ohne dass er es vermocht hätte, allgemeine Prinzipien aufzustellen, auf welche er seine Idee hätte zurückführen können. So musste ihm entgehen, worum es bei der Metapher von der Familienähnlichkeit in Wahrheit geht. Sie ist nämlich nichts Anderes als eine OBERFLÄCHLICHE VERAN-SCHAULICHUNG DES PRINZIPS DER INDIVIDUALITÄT. Welche Veranschaulichung zudem, was wir ja zu zeigen im Begriff sind, auf die statische Sicht beschränkt ist.

Ich will zur Abwechslung für den Leser an dieser Stelle ein Zitat bringen und Wittgenstein selbst zu Wort kommen lassen. Wir werden dann anhand seiner Aussagen die statische Fokussierung seiner Konzeption deutlich machen. Außerdem hoffe ich darauf, dass durch seine Aussagen im Leser ein Prozess ausgelöst wird, die Individualität alles Empirischen besser und tiefer zu verstehen. Denn die Individualität stellt in der Tat DIE TIEFERE URSACHE für das Phänomen der Familienähnlichkeit dar. Wir verwenden seine Aussagen gleichsam als Schlüssel, mit dem wir die Tür zum Verständnis der Individualität öffnen. Wittgenstein erläutert seine Konzeption in den *Philosophischen Untersuchungen*, als er sich über den Begriff des „Spieles" klar zu werden versucht:

„Betrachte z.B. einmal die Vorgänge, die wir „Spiele" nennen. Ich meine Brettspiele, Kartenspiele, Ballspiele, Kampfspiele, usw. Was ist allen diesen gemeinsam? […] Schau z.B. die Brettspiele an, mit ihren mannigfachen Verwandtschaften. Nun geh zu den Kartenspielen über: hier findest du viele Entsprechungen mit jener ersten Klasse, aber viele gemeinsame Züge verschwinden, andere treten auf. Wenn wir nun zu den Ballspielen übergehen, so bleibt manches Gemeinsame erhalten, aber vieles geht verloren. - Sind sie

alle unterhaltend? Vergleiche Schach mit dem Mühlefahren. Oder gibt es überall ein Gewinnen und Verlieren, oder eine Konkurrenz der Spielenden? Denk an die Patiencen. In den Ballspielen gibt es Gewinnen und Verlieren; aber wenn ein Kind den Ball an die Wand wirft und wieder auffängt, so ist dieser Zug verschwunden. Schau, welche Rolle Geschick und Glück spielen. Und wie verschieden ist Geschick im Schachspiel und Geschick im Tennisspiel. [...] Und das Ergebnis dieser Betrachtung lautet nun: Wir sehen ein kompliziertes Netz von Ähnlichkeiten, die einander übergreifen und kreuzen. Ähnlichkeiten im Großen und Kleinen. Ich kann diese Ähnlichkeiten nicht besser charakterisieren als durch das Wort „Familienähnlichkeit"; denn so übergreifen und kreuzen sich die verschiedenen Ähnlichkeiten, die zwischen den Gliedern einer Familie bestehen: Wuchs, Gesichtszüge, Augenfarbe, Gang, Temperament, etc., etc. – Und ich werde sagen: die „Spiele" bilden eine Familie."

Wir bemerken, dass er in der Aufzählung der Spiele ausschließlich solche erwähnt, die zum Zeitpunkt der Abfassung seiner Untersuchungen gespielt wurden. Er betrachtet die Einzeleinheiten der Spiele nur in ihrer statischen Erstreckung, er vernachlässigt deren Dynamik. Denn für eine vollständige Analyse der Bedeutung von „Spiel" hätte er auch Spiele betrachten müssen, die in der *Vergangenheit* gespielt wurden – ganz abgesehen von den Spielen, die in der *Zukunft* eines Tages gespielt werden. Als Resultat dieser statischen Fokussierung ergibt sich auch eine statische Metapher, die Metapher der Familienähnlichkeit, die er zur Erläuterung der Semantik von „Spiel" heranzieht. Offenbar hatte er bei der Verwendung dieser Metapher eine Familie mit einzelnen Mitgliedern im Kopf, die er in ihren Merkmalen zu einem bestimmten *festen Zeitpunkt* miteinander verglich.

Bei einer tieferen Untersuchung jedoch, welche auch die Dynamik, die *zeitliche Entwicklung*, in die Überlegungen einbezieht, stellen wir fest, dass die Mitglieder der Familie, als empirische Einzeleinheiten, sich in beständiger Veränderung befinden. Und zwar in einer beständigen Veränderung, welche durch das Prinzip der Individualität reguliert wird. Jedes Mitglied ist als empirische Einheit in jedem Augenblick *individuell* und stellt in jedem

Augenblick *eine in Zeit und Raum auf diese Art nicht wiederkehrende Verkörperung von Eigenschaften dar.* Ich will hier aber nicht weiter in die Materie eindringen, da wir diese in den vergangenen Abschnitten erschöpfend behandelt haben, sondern nur als Resultat festhalten, dass für ein adäquates Bild von der Bedeutung von Begriffen es notwendig ist, auch die zeitliche Veränderung der Dinge in das Bild zu integrieren.

Neben der statischen Fokussierung ist es, wie oben angedeutet, bedeutsam zu erkennen, dass die tiefere Ursache für das Phänomen der Familienähnlichkeit in der Individualität alles Empirischen zu sehen ist. Die gleiche Diagnose können wir im Zusammenhang mit der klassischen Definitionslehre stellen. Denn offenkundig ist mit der Frage nach der Bedeutung von Begriffen die Frage nach einer Definition derselben untrennbar verbunden. Das klassische Definitionskonzept, Angabe der höheren Gattung und der spezifischen Differenz – *genus proximum et differentia specifica* – stellt uns immer wieder vor Probleme; vor allem in Hinsicht darauf, dass wir oftmals für einen Begriff die spezifische Differenz nicht auffinden können, wir also keine durchgehende Eigenschaft finden, die genau allen unter diesen Begriff fallenden Gegenständen zukommt. Dieses Problem bildet ja auch den springenden Punkt in der Konzeption der Familienähnlichkeit: für die Mitglieder der Familie gibt es kein durchgehendes Merkmal, das genau ihnen und nur ihnen zukommt. Wie dort kommen wir hier zum selben Ergebnis: Die tiefere Ursache, der letzte und eigentliche Grund, weshalb die Suche nach der spezifischen Differenz scheitert, ist im Prinzip der Individualität zu sehen. Als welches die *Form aller empirischen Erscheinung* ist, und dadurch eben auch die *formalen Gegebenheiten in Fragen der Semantik* bestimmt.

Eine jede Theorie der Bedeutung muss sich vor dem Hintergrund der hier aufgestellten Prinzipien erklären. Sie muss zeigen, wo und wie sie die beiden Prinzipien der Einheitenbildung und vor allem der Individualität berücksichtigt - und dies sowohl in statischer wie in dynamischer Hinsicht. Sie muss eine Antwort geben auf die Fragen, die sich in der Semantik aus der Geltung der

Prinzipien ergeben. Diese Fragen dürfen wir als die Grundfragen der Semantik bezeichnen. Die erste Grundfrage lautet: WIE VERERBT SICH DIE INDIVIDUALITÄT DER EINZEL-EINHEITEN AUF DIE ABSTRAKTEN EINHEITEN? Und als zweite Grundfrage, die nicht mehr auf die uneigentliche, sondern vielmehr auf die eigentliche Individualität abzielt: WELCHE KONSEQUENZEN HAT DIE EIGENTLICHE INDIVIDUALITÄT DER BEGRIFFE FÜR DIE PHILO-SOPHISCHE BEDEUTUNGSTHEORIE?

3. METATHEORIE DER PRINZIPIEN

3.1 GEGENSTANDSBEREICH DER PRINZIPIEN

Nachdem wir die Prinzipien erläutert und an einigen Beispielen und Anwendungen veranschaulicht haben, begeben wir uns nun auf eine übergeordnete Ebene, eine Metaebene, indem wir nicht mehr die Wirkungsweise der Prinzipien in der empirischen Welt, sondern die *Prinzipien selbst* zum Objekt unsrer Untersuchung machen. Der Nutzen einer solchen Untersuchung liegt darin, dass wir einerseits die für philosophische Überlegungen notwendige Systematik zu erreichen versuchen, andererseits darin, dass wir eine tiefergehende Aufklärung über die Prinzipien in logischer und erkenntnistheoretischer Hinsicht erwarten dürfen.

Wir werden für diese Untersuchung die Prinzipien als *Axiome* auffassen – in Analogie zu einer mathematischen oder auch physikalischen Theorie – und ihre Konjunktion als *Axiomensystem*. Dabei muss im ersten Schritt, wie bei einem Axiomensystem üblich, zunächst der *Gegenstandsbereich* abgesteckt und festgelegt werden, auf den sich die Axiome beziehen sollen. Unter Zugrundelegung dieses Gegenstandsbereiches werden wir im zweiten Schritt prüfen, inwiefern man den Prinzipien, als Axiomensystem, auch bestimmte *Eigenschaften* von derlei Systemen zusprechen kann, wie Widerspruchsfreiheit, Unabhängigkeit oder Vollständigkeit.

Bei der Auffassung der Prinzipien als Axiome wird, nebenbei gesagt, die Sparsamkeit und Übersichtlichkeit deutlich, welche eine Beschreibung der Welt durch die Prinzipien auszeichnet. Denn wir finden die gesamte empirische Welt, unser Seelenleben im Inneren ebenso wie die Welt unsrer fünf Sinne im Äußeren, in ihrer Buntheit, Vielfalt und Fülle auf lediglich zwei Grundsätze reduziert, auf lediglich zwei Prinzipien zurückgeführt. Eine Reduktion und Zurückführung, die uns neben einer wünschenswerten Denkökonomie auch eine gewisse ästhetische Befriedigung gewährt.

Im dritten Schritt der Untersuchung werden wir die Frage nach der *Erkenntnis* und der *Begründung* der Prinzipien stellen. Wir werden uns fragen, vermöge welcher *besonderen Erkenntnisart* wir überhaupt zu den Prinzipien gelangen und von welchem Grad an Gewissheit diese Erkenntnisart begleitet ist. Verknüpft hiermit ist die Frage nach einer *Begründung* der Prinzipien. Sind wir berechtigt, die Prinzipien als wahr anzunehmen? Welche Begründungsstruktur finden wir in Ansehung der Prinzipien vor?

Wer von Axiomen und von Axiomensystemen spricht, muss einen *Gegenstandsbereich* angeben, welcher durch das Axiomensystem beschrieben werden soll. Erst wenn dieser angegeben und festgelegt, können logische Eigenschaften des Axiomensystems wie Widerspruchsfreiheit, Unabhängigkeit oder Vollständigkeit entschieden werden. Wenn wir also unsre Prinzipien als ein System zweier Axiome auffassen, worin besteht dann ihr Gegenstandsbereich? Und, als dialektische Komplementärfrage, worin besteht ihr Gegenstandsbereich *nicht?* Eine allgemeine Antwort auf diese Fragen legt der Titel des vorliegenden Buches nahe. Dort habe ich als Grundformel für den Inhalt des Buches von einer *formalen Ontologie der empirischen Welt* gesprochen. In der Tat zeichnet sich der gesuchte Gegenstandsbereich dadurch aus, dass dieser nur aus dem *Formalen* oder, vielleicht genauer, aus den *formalen Rahmenbedingungen* besteht, unter denen uns die empirische Welt erscheint. Ich spreche im Titel aber nicht nur von *formal*, sondern zudem von einer *formalen Ontologie*, und zwar insofern, als dass durch die Prinzipien die *Seinsweise* der empirischen Welt beschrieben wird, eingeschränkt aber auf deren *formale Seite*. Alternativ drücken wir diesen Gedanken, wie früher geschehen, so aus, dass IN EINEM FORMALEN SINNE NUR EINHEITEN UND INDIVIDUALITÄT EXISTIEREN. Ich will diese allgemein gehaltene Antwort auf die Frage nach dem Gegenstandsbereich jetzt präzisieren und genauer erläutern, wie wir uns diesen vorzustellen haben.

Als das wesentlichste Charakteristikum muss an erster Stelle angeführt werden, dass unser Gegenstandsbereich ausschließlich aus der *empirischen Welt* besteht. Alle *nicht-empirischen* Gegenstände wie jene der Mathematik, der Logik und – möglicherweise - auch Teile der Philosophie werden ausgeklammert. Für diese Bereiche wird die Geltung der Prinzipien *nicht* behauptet. Gehen wir nach dieser ersten Ortsbestimmung gleich weiter zur nächsten.

Ich habe in der Einleitung von den Prinzipien als *Formprinzipien* gesprochen. Dort habe ich unter Bezug auf die Unterscheidung von Form und Inhalt auf die mögliche Begriffsbildung „inhaltliche Prinzipien" hingewiesen, welche sich als logisches Komplement zu der Begriffsbildung „formale Prinzipien" aufdrängt. Ich habe weiter ausgeführt, dass man unter inhaltlichen Prinzipien dann gerade nicht die Formen begreifen würde, in denen die empirische Welt emendiert, sondern vielmehr die inneren Triebfedern oder inneren Kräfte zu verstehen hätte, welche die Veränderung in der Welt vorantreiben und verursachen. Die formalen Prinzipien beschreiben so gesehen, *wie* die empirische Welt erscheint, die inhaltlichen dagegen, *was* als empirische Welt erscheint. Aus der Abgrenzung der formalen von den inhaltlichen Prinzipien wird ersichtlich, bis wohin der Gegenstandsbereich der formalen reicht und ab welchem Punkt jener der inhaltlichen erreicht wird. Die Grenzziehung zwischen „formal" und „inhaltlich" entspricht dabei ungefähr der Grenzziehung zwischen empirischer Wissenschaft und Metaphysik.

Für die Rolle als inhaltliches Prinzip sind im Laufe der Geschichte zahlreiche Aspiranten vorgeschlagen worden: Denken wir an die platonischen *Ideen*, die als Urbilder über eine Teilhabe-Beziehung mit den empirischen Dingen verknüpft sein und diese so „inhaltlich" steuern sollen. Denken wir an das kantische *Ding an sich*, welches sich außerhalb der empirischen Welt befindet und dennoch als metaphysische, also als inhaltliche Ursache hinter der empirischen Welt steht und diese antreibt. Denken wir an den *Willen zum Leben* bei Schopenhauer und an den *Willen zur Macht* bei Nietzsche, welche Konzepte verantwortlich für die Erscheinung der empirischen Welt zeichnen sollen. Denken wir auch an theologische Deutungen, nach denen die Welt von einem *Gott* geschaffen und gesteuert wird; oder an halb-theologische Deutungen wie etwa den Idealismus von Berkeley, nach dem die *Ideen Gottes* als Ursache unserer Wahrnehmungen und damit der empirischen Welt zu sehen sind. Oder denken wir an geistesgeschichtliche Strömungen wie den Manichäismus, welcher die empirische Welt inhaltlich deutet als ewigen Widerstreit zwischen einem *guten* und einem *bösen Prinzip*, als Kampfplatz zwischen einem *göttlichen Lichtreich* und einem *Reich der Finsternis*. Neben diesen klassischen Aspiranten für die Rolle als inhaltliches Prinzip ist aber auch die *leere Menge* als Aspirant zu nennen. Darum, als nach einem konsequenten Materialismus es über die Empirie hinaus *nichts gibt*, es also *überhaupt keine* inhaltlichen Prinzipien gibt. Die empirische Welt würde nach dieser Ansicht ohne metaphysische Erklärung, ohne inhaltliches Prinzip auskommen.

Man könnte die Reihe an Aspiranten weiter führen, allein es ist hier nicht der Ort für eine vollständige Aufzählung. Es soll hier nur deutlich werden, dass wir den Gegenstandsbereich der Prinzipien auf die *Formen* der empirischen Welt einschränken – eben in Abgrenzung zu derartigen inhaltlichen Prinzipien, wie wir sie gerade mit Leben erfüllt haben. Der Gegenstandsbereich von Einheitenbildung und Individualität erstreckt sich nur auf das *Formale*, nicht auf das *Inhaltliche* der Welt. Was sich auch so äußert, dass beide Prinzipien *unabhängig* von der Setzung eines bestimmten inhaltlichen Prinzips gelten. Sie sind mit jedem denkbaren inhaltlichen Prinzip konsistent.

Als weitere Bestimmung des Gegenstandsbereichs dient uns der Umstand, dass in den Prinzipien von allen quantitativen oder qualitativen Eigenschaften der äußeren Dinge abstrahiert wird. Wir abstrahieren von der jeweiligen Farbe, der Festigkeit, der Gestalt, dem Geschmack oder der Temperatur eines bestimmten Gegenstandes oder eines Ausschnittes der äußeren Welt. Wir abstrahieren außerdem von der spezifischen Geometrie der Dinge, z.B. von einer ihnen zukommenden Symmetrie. Wir betrachten die Dinge nach den *Strukturen* ihrer Erscheinungsweise, nach den *formalen Rahmenbedingungen* ihrer Existenz. In gleicher Weise abstrahieren wir von den quantitativen oder qualitativen Eigenschaften der inneren Dinge. In den Prinzipien wird von der *Semantik* von Gedanken, Ideen oder Gefühlen abstrahiert. Es wird abstrahiert vom *Intentionalen* und *Normativen*. Es wird ausschließlich die formale Erscheinungsweise unseres Inneren, gleichsam dessen *Syntax*, thematisiert. Und die Regeln dieser Syntax sind Einheitenbildung und Individualität.

Die Beschreibung der Welt, welche die Prinzipien vermitteln, gleicht einer *Schwarz-Weiß-Photographie* derselben. Denn vermöge des formalen Charakters der Prinzipien werden beim Photographieren gleichsam die Farben herausgefiltert. Wir beschreiben die Welt so, als ob wir eine *schnelle Skizze* von ihr anfertigen, indem wir mit einem Bleistift nur deren Konturen auf dem Papier wiedergeben, ohne auf Details und Einzelheiten einzugehen. Um es in einem weiteren Bild auszudrücken: Wenn wir die empirische Welt als einen *Text* auffassen, oder sagen wir besser, da es sich bei dir, mein Leser, gewiss um einen Ästheten handelt, als ein *Gedicht* auffassen, so studieren wir mit den Prinzipien die formalen Eigenheiten dieses Gedichtes, nicht jedoch seinen Inhalt. Wir studieren das Versmaß des Gedichtes, und sein Reimschema, nicht aber die Idee oder die Stimmung, die in ihm ausgedrückt wird. Wir können genauer, um in diesem Bild zu bleiben, uns das Gedicht wie ein zweigeteiltes Gedicht vorstellen, in dessen erstem Teil die äußere Hälfte der Empirie thematisiert ist, und im zweiten Teil die innere Hälfte. Das Prinzip der Einheitenbildung finden wir im Gedicht wieder, indem wir die einzelnen Wörter des Gedichts mit den Einheiten der empirischen Welt gleichsetzen. Demgemäß werden die Einheiten der äußeren Welt in der ersten Hälfte des Gedichts anzusiedeln sein, die Einheiten unseres Seelenlebens aber in der zweiten Hälfte. Ganz ähnlich können wir auch Ausschnitte aus der empirischen Welt im Gedicht wiederfinden, wenn wir einen solchen Ausschnitt mit einer

Verszeile des Gedichtes gleichsetzen. Denn so, wie ein Ausschnitt der empirischen Welt, sei er zeitlich oder räumlich, empirische Einheiten enthält, so enthält eine Verszeile die in ihr vertretenen Wörter. Überdies aber müssen beide Teile des Gedichts im selben Versmaß stehen. Denn das Versmaß deuten wir als Prinzip der Individualität. Welches für beide Hälften der empirischen Welt Gültigkeit hat und daher in beiden Teilen des Gedichts als Versmaß dienen muss. Als mögliches Versmaß müssen wir aber ein regelmäßiges verwenden, zum Beispiel den profanen Jambus oder den himmelwärts strebenden Daktylus, denn die strenge Regelmäßigkeit symbolisiert die strenge Gesetzmäßigkeit der Individualität. Das Gedicht wird in keinem Fall in einem regellosen Versmaß, etwa im freien Rhythmus des Dithyrambus, abgefasst sein, denn das würde einer Verletzung der Individualität gleichkommen. Im Gedicht spiegelt sich außerdem wieder, dass die Einheitenbildung der Individualität untergeordnet ist. Diese Unterordnung, sprich die Tatsache, dass die Einheiten der Empirie selbst individuell sind, wird im Gedicht auf die Weise deutlich, dass die einzelnen Wörter in ihren Hebungen und Senkungen sich dem Versmaß fügen müssen. Gleiches gilt für Ausschnitte aus der empirischen Welt, die ja, wie oben bereits gesagt, den Verszeilen des Gedichtes entsprechen. Die Individualität der Ausschnitte wird im Gedicht so dargestellt, dass jede Verszeile in ihrer Länge und in ihrem Rhythmus dem Versmaß genügen muss. Als Resümee aber aus dieser ganzen Vergleichung dürfen wir die ungewöhnliche Aussage tätigen, dass die Beschreibung der Welt durch die Prinzipien der formalen Seite einer Gedichtanalyse gleicht.

Nach Bestimmung des Gegenstandsbereichs, auf den sich die Prinzipien beziehen, fassen wir die Prinzipien nun als *Axiomensystem* dieses Gegenstandsbereichs auf, und untersuchen, ob sie bestimmte wünschenswerte Eigenschaften eines Axiomensystems besitzen. Wünschenswert für ein Axiomensystem ist es dabei, wenn es die Eigenschaften der *Widerspruchsfreiheit*, der *Unabhängigkeit* und der *Vollständigkeit* besitzt. Für jene, die sich keine Vorstellung von diesen Eigenschaften machen können, wird sich deren Sinn ohne weiteres aus dem Zusammenhang erschließen. Wir werden sie in der Reihenfolge ihrer Erwähnung thematisieren und jeweils prüfen, inwiefern sie unserem „Axiomensystem" aus Einheitenbildung und Individualität zukommen.

Zur Widerspruchsfreiheit: Sind die Prinzipien zugleich ohne Widerspruch denkbar? Ganz offenbar, gibt die empirische Welt selbst doch ein Zeugnis dafür ab, dass beide Prinzipien zugleich Geltung besitzen können. Diese Eigenschaft dürfen wir unserem Axiomensystem daher zusprechen.

Kommen wir zur Unabhängigkeit: Sind die Prinzipien voneinander unabhängig oder können wir von einem auf das andere schließen? Wenn wir zunächst die Einheitenbildung als gültig annehmen, so sehen wir, dass kein Weg dazu führt, aus diesem die Individualität zu erschließen. Denn in der Bildung von Einheiten ist noch keine Aussage darüber enthalten, ob diese Einheiten individuell sind oder nicht. Zornesregungen oder Schneeflocken, als Beispiele für Einheiten, unterliegen nicht von vornherein dem Gesetz der Individualität. Es wäre vor aller Erfahrung denkbar, dass *identische* Zornesregungen oder *identische* Schneeflocken existieren. Die Individualität bringt Neues hinzu, bringt eine neue Information über die Beschaffenheit der empirischen Welt, nämlich die Information, dass die Einheiten, die in dieser gebildet werden, niemals identisch sind, sondern im Gegenteil ohne Ausnahme individuell.

Setzen wir im umgekehrten Fall die Individualität voraus. Können wir hieraus die Einheitenbildung als Grundprinzip der empirischen Welt ableiten? Diese Frage muss negativ beantwortet werden. Denn mit der Individualität sind auch Alternativen zur Einheitenbildung konsistent. Wie eine empirische Welt, die sich durch ein Prinzip der Zweiheitenbildung, der Dreiheitenbildung oder allgemein durch ein Prinzip der *Mehrheitenbildung* auszeichnet. Ferner ist Individualität auch mit der Alternative konsistent, dass überhaupt keine Einheiten, und überhaupt keine Mehrheiten gebildet werden. In diesem Fall würden wir die empirische Welt als einen *konturlosen Strom* wahrnehmen, der zwar individuell wäre, indem sich der Strom in seinen Konfigurationen niemals wiederholt, in dem aber keine identifizierbare Einheiten oder Mehrheiten in Erscheinung treten. Offenbar ist Individualität ohne Widerspruch mit Alternativen denkbar, so dass wir bei Setzung der Individualität nicht zwingend auf das Vorliegen von Einheitenbildung schließen können. Wir dürfen damit unserem Axiomensystem auch die Eigenschaft der Unabhängigkeit zusprechen, da wir keines der beiden Axiome aus dem anderen ableiten können.

Diese *logische Unabhängigkeit* darf aber nicht mit jener, wie ich sie zur Unterscheidung jetzt nenne, *hierarchischen Abhängigkeit* in Zusammenhang gebracht werden, die wir bei der Kombination der Prinzipien vorfinden. Ich spreche davon, dass die *Einheiten individuell sind* und insofern die Einheitenbildung der Individualität untergeordnet ist. Insofern, aber auch nur insofern, kann man von einer Abhängigkeit der Einheitenbildung von der Individualität sprechen. In Hinsicht auf diese *hierarchische Abhängigkeit* scheint die Individualität über eine Vorrangstellung zu verfügen. Sie kann so gesehen als höheres Gesetz der beiden betrachtet werden. Die empirische Welt wird gewissermaßen tiefer durch die Individualität als durch die Einheitenbildung beschrieben. Das Prinzip der Einheitenbildung scheint in dieser Hinsicht lediglich als *Präzisierung* der Individualität zu fungieren, als eine *Ergänzung* zu dieser, indem es eine Brücke schlägt vom abstrakten Konzept der Individualität hin zu den anschaulich vor uns liegenden Dingen der empirischen Welt, den Einheiten.

Betrachten wir abschließend die Vollständigkeit: Unser Axiomensystem ist vollständig, wenn wir den zugehörigen Gegenstandsbereich, die formale Seite der empirischen Welt, aus den Prinzipien *ohne Rest ableiten* können. Alle empirischen Phänomene müssen *ihrer Form nach* durch die Prinzipien beschrieben werden können. Es darf kein Phänomen geben, das sich dieser Beschreibung entzieht. - Wir können hier natürlich nicht so weit gehen, dass wir, wie in der mathematischen Logik, eine syntaktische und eine semantische Ebene einführen, anhand derer wir die Vollständigkeit in strenger Weise definieren und überprüfen könnten. Wir befinden uns ja nur in einer *Analogie* hierzu, mit all den damit verbundenen Unschärfen im tertium comparationis. Die Analogie dient uns lediglich zur tieferen Aufklärung über die Aussage und die logische Struktur der Prinzipien.

Um es gleich vorweg zu nehmen, sehe ich die Vollständigkeit der Prinzipien gegeben. Um dies begreiflich zu machen, fragen wir uns, ob in der empirischen Welt, was ihre formale Seite angeht, irgendetwas existiert, was den Prinzipien nicht genügt? Sehen wir ein irgendeinen materiellen Gegenstand in der äußeren Welt, irgendeinen ideellen Gegenstand in der inneren, der gegen Individualität oder Einheitenbildung verstoßen würde? Ich kann keinen derartigen Gegenstand entdecken. Ich sehe kein *Gegenbeispiel,* das die Unvollständigkeit der Prinzipien nachweisen würde. Wir wollen die Sache aber genauer angehen, damit man uns nicht den Vorwurf machen kann, wir würden Gegenargumente nicht entkräften. Gehen wir die Prinzipien der Reihe nach durch, in Hinsicht darauf, ob wir nicht doch ein Gegenbeispiel finden, einen *Rest* der empirischen Welt, der aus den Prinzipien nicht ableitbar ist.

Zur Individualität: Vielleicht glaubt der Leser, er könne zwei rechtwinklige Dreiecke auf ein Papier zeichnen, die völlig identisch sind, und damit die Individualität widerlegen. Allein die

Dreiecke, die er gezeichnet hat, sind nicht *vollkommen* gleich, sind nicht *hundertprozentig* identisch. Es gibt, wenn auch minimale, Unterschiede zwischen ihnen. So ist in dem einen Dreieck die Hypotenuse minimal länger gezeichnet als jene des anderen Dreiecks. Oder der Winkel zwischen Ankathete und Gegenkathete ist minimal größer gezeichnet als jener des anderen Dreiecks. Nur in der *Welt des Idealen*, in der die mathematischen Gegenstände, auf welche Art auch immer, existieren, können zwei Dreiecke als völlig gleich betrachtet werden. Nur in dieser idealen Welt existiert und lebt überhaupt die Gleichheit. In der *realen Welt* aber, der empirischen, gibt es keine zwei genau gleichen Dreiecke. Es kann sie auch gar nicht geben, da ALLES EMPIRISCHE INDIVIDUELL IST und notwendig sein muss. Äquivalent hierzu können wir im gegenwärtigen Zusammenhang sagen, dass DIE GLEICHHEIT NOCH NIEMALS REALITÄT GEWORDEN IST. Die Gleichheit wird niemals in die empirische Welt herabsteigen und ihren erhabenen Fuß in diese setzen. Wir prägen uns diesen Sachverhalt als Merksatz ein, indem wir sagen, dass DIE GLEICHHEIT DIE JUNGFRÄULICHE SCHWESTER DER INDIVIDUALITÄT IST. Sobald wir also mathematische Gegenstände in der realen Welt vorfinden, genügen diese der Individualität. Und nur für diese reale Welt, die empirische, haben wir die Geltung der Individualität proklamiert.

Nach Ausklammerung der mathematischen Gegenstände bleibt aber als einziger Weg zu einem Gegenbeispiel, zwei empirische Gegenstände, seien es zwei Einheiten oder zwei räumliche oder zeitliche Ausschnitte, aufzufinden, die sich vollständig gleichen. Beziehungsweise eine Einheit oder einen Ausschnitt, die sich selbst zu zwei verschiedenen Zeitpunkten vollständig gleichen. In diesem ganzen vorliegenden Buch aber habe ich nichts Anderes getan, als dem Leser anhand vieler Beispiele deutlich zu machen, dass dies unmöglich ist. Es ist einfach eine *Tatsache*, dass in der empirischen Welt niemals ein Gegenstand einem anderen völlig gleicht, oder sich selbst zu zwei unterschiedlichen Zeitpunkten völlig gleicht. Jeder Gegenstand oder Ausschnitt stellt zu jedem

Zeitpunkt *eine auf diese Art nicht wiederkehrende, eben individuelle Verkörperung von Eigenschaften dar.* Auch dieser letzte Weg zu einem Gegenbeispiel zur Individualität ist versperrt.

Zur Einheitenbildung: Vielleicht glaubt mein Leser, er könne durch die Existenz von Menschen, die *Zwillinge* sind, ein Gegenbeispiel zur Einheitenbildung konstruieren. Weil in diesem Fall ja eine empirische Form der *Zweiheit* und nicht der *Einheit* vorliege. Auch andere Phänomene wie die Existenz von *Doppelsternen*, das Vorliegen der DNA in *zwei Strängen* oder die *Zweiheit der Geschlechter* würden in diese Richtung weisen. Diese Tatsachen würden doch eher für ein Prinzip der *Zweiheitenbildung* sprechen?

Man könne darüber hinaus sogar ein Prinzip der *Mehrheitenbildung* postulieren, argumentiert mein Leser weiter, welches als Erklärung für die Existenz komplexer Mehrheiten wie den menschlichen Körper dienen könne, der aus so vielen Teilen und Bausteinen bestehe, dass man diesen nicht mehr adäquat als Einheit, als *Eines*, beschreiben könne? Oder einen Baum, der eine weitere komplexe Mehrheit darstelle, bestehend aus so vielen Teilen und Komponenten wie seinen Blättern, Zweigen, Ästen, seiner Rinde und seiner Wurzeln. Wäre in solchen Fällen, die ja zahlreich in der empirischen Welt auftreten, nicht besser von einem Prinzip der *Mehrheitenbildung* die Rede? Widerlegen diese Gegenbeispiele nicht das Prinzip der Einheitenbildung?

Sie tun es nicht. Erstens sprechen die angeführten Beispiele gar nicht gegen das Prinzip der Einheitenbildung. Sie sind nur *scheinbare* Gegenbeispiele. Deshalb, weil jeder *Teil* einer Zweiheit, Dreiheit oder Mehrheit als *Einheit* aufgefasst werden kann, ebenso wie das *Ganze* als *Einheit* aufgefasst werden kann, bestehe es aus zwei oder mehr Teilen. Das menschliche Auge, als *Teil* eines *Ganzen*, dem menschlichen Körper, wird in gleicher Weise als empirische Einheit aufgefasst wie der menschliche Körper selbst. Sowohl die Teile, als auch das Ganze werden durch die Einheitenbildung beschrieben.

Außerdem gilt zweitens, dass ein Prinzip der Mehrheitenbildung für die Beschreibung unseres *Inneren* ungeeignet ist. In unserem Inneren findet keine Mehrheitenbildung statt. Im Gegenteil müssen wir in dieser Hälfte der empirischen Welt die Einheitenbildung sogar als *einzig gangbaren Weg* bezeichnen. Denn eine einzelne Gefühlsregung ist nicht sinnvoll als Zweiheit oder Mehrheit, sie ist einzig als eine Einheit zu beschreiben. Wie willst du ein einzelnes Gefühl der Freude sinnvoll als Zweiheit beschreiben? Oder wie willst du dein Zahnschmerz als Dreiheit beschreiben?

Drittens ist auffällig, dass diese scheinbaren Gegenbeispiele der untersten Ebene der empirischen Welt entnommen sind. Sich also auf die *einzelnen Einheiten* beziehen. Sobald wir den Übergang vollziehen zu den abstrakten Ebenen, können wir nicht mehr von einem Prinzip der Mehrheitenbildung sprechen. Denn wie zum Beispiel will mein Leser den biologischen Artbegriff der „Tiger" als eine abstrakte Zweiheit auffassen? Oder wie will er einen Begriff wie „Besonnenheit" als eine abstrakte Mehrheit auffassen? Die einzige Möglichkeit, die Welt des Abstrakten adäquat zu beschreiben, ist durch die Rede von *abstrakten Einheiten* und den Stufen ihrer Hierarchie gegeben, also durch das Prinzip der Einheitenbildung.

Viertens kann es deshalb keine Alternative zur Einheitenbildung geben, weil ein Alternativprinzip, sei es der Zweiheit oder einer sonstigen Mehrheit, bereits den Begriff der Einheit voraussetzt. Man kann nur von einer Zweiheit oder Mehrheit sprechen, wenn bereits die Einheit, die *Eins*, als Grundlage des Zählens vorhanden ist. Die Einheit ist daher der Mehrheit logisch vorgeordnet, sie ist erkenntnistheoretisch früher. Sie ist die erste Grundform der Wahrnehmung und der Erkenntnis der Welt. Alle Alternativen müssen auf diese Grundform zurückgeführt werden und sind von ihr abhängig.

Wo ist also der *Rest* der empirischen Welt, der *Rest* in ihrer formalen Erscheinung, der nicht adäquat durch die Prinzipien beschrieben wird? Wo ist das Gegenbeispiel zu finden, das die

Unvollständigkeit der Prinzipien beweist? Aus den oben angeführten Gründen kann es kein solches Gegenbeispiel geben. Weder kann es ein Gegenbeispiel zur Individualität, noch eines zur Einheitenbildung geben. Damit dürfen wir unserem Axiomensystem auch die Eigenschaft der Vollständigkeit zusprechen. In der Summe aber haben wir alle drei wünschenswerten Eigenschaften für unser System nachgewiesen: Die Axiome des Systems sind ohne Widerspruch, voneinander unabhängig und beschreiben vollständig ihren Gegenstandsbereich, die formale Erscheinung der empirischen Welt. Die vielleicht wichtigste Eigenschaft, die der Vollständigkeit, sollten wir hervorheben: DIE EMPIRISCHE WELT WIRD IHREM FORMALEN CHARAKTER NACH VOLLSTÄNDIG DURCH EINHEITENBILDUNG UND INDIVIDUALITÄT BESCHRIEBEN.

3.3 ERKENNTNIS UND BEGRÜNDUNG DER PRINZIPIEN

Soviel zur Auffassung der Prinzipien als Axiome. Wir haben gesehen, dass wir Einheitenbildung und Individualität als adäquates Axiomensystem für die empirische Welt begreifen dürfen, und damit für die Veränderung in dieser, um die es uns ja zu tun ist. Wie steht es aber um die Axiome selbst? Was berechtigt uns, die Axiome, und damit die Prinzipien, als wahr anzunehmen? Verfügen wir über eine *Begründung* für ihren Anspruch auf Wahrheit? Und wie gelangen wir eigentlich zur *Erkenntnis* der Prinzipien?

Der Weg, auf dem wir zur Erkenntnis der Prinzipien gelangen, ist der Weg der *intuitiven Erkenntnis*. Diese Erkenntnisart gelangt auf „intuitivem" Weg zur Wahrheit, also vermöge eines unmittelbaren Einleuchtens. Im Unterschied zur *diskursiven Erkenntnis*, welche zur Wahrheit nur mittelbar gelangt durch logische Schlussketten. Diese Unterscheidung geht wohl zurück auf Platon, der die *noêsis*, die intuitive Erkenntnis, von der *dianoia*, der diskursiven Erkenntnis, als Erster getrennt hat. Bei der intuitiven Erkenntnis fassen wir die Wahrheit einer Sache „gefühlsmäßig" auf, daher die Rede von „Intuition"; bei der diskursiven Erkenntnis arbeiten wir uns mittels Vernunftoperationen zur Wahrheit vor. Bei der intuitiven Erkenntnis handelt es sich um ein unmittelbares Schauen der Wahrheit; bei der diskursiven müssen wir der Erkenntnis mittelbar, Schritt für Schritt, näherkommen. Die intuitive Erkenntnis ist ein Widerfahren und nicht von eigenem Bemühen abhängig; beim diskursiven Weg wird die Erkenntnis erlangt durch eigenes Zutun, durch Fleiß und Übung. Bei der intuitiven Erkenntnis verhält man sich passiv, die Erkenntnis kommt ohne eigene Willensakte zu uns; bei der diskursiven verhält man sich aktiv, die Erkenntnis wird durch Willensanstrengung erreicht. Bei der intuitiven Erkenntnis wird in einer Zusammenschau das Ganze der Dinge erkannt; bei der diskursiven werden Teile losgelöst vom Ganzen erfasst. Bei der intuitiven Erkenntnis nehmen wir einen Standpunkt ein, der sich oberhalb und außerhalb der Welt befindet; bei der diskursiven befinden wir uns innerhalb der Welt, wir nehmen einen immanenten Standpunkt ein.

Der Weg, auf dem wir zur Erkenntnis der Prinzipien gelangen, ist damit beschrieben. Wir erkennen die Prinzipien *intuitiv*. Einmal bei ihrer Erkenntnis angelangt, ist diese Erkenntnis mit einem unmittelbaren Einleuchten ihrer Wahrheit verknüpft. Ich spreche aber nicht von einem Einleuchten niederen Ranges, sondern von einem Einleuchten der höchsten Art, nämlich von einem Einleuchten, das von dem Gefühl der *unmittelbaren Gewissheit* begleitet wird. Zugleich mit ihrer Erkenntnis wird uns die unmittelbare Gewissheit zuteil, dass die Prinzipien wahr sind.

Man kann die Prinzipien hinsichtlich dieser unmittelbaren Gewissheit mit dem Kausalprinzip vergleichen. Ähnlich, wie die Notwendigkeit von Ursache und Wirkung mit unmittelbarer Gewissheit einleuchtet, so leuchtet auch die Individualität alles Empirischen und die Einheitenbildung ein. Man könnte einen Schritt weiter gehen und den Grad an unmittelbarer Gewissheit, welcher den Prinzipien zukommt, noch höher stellen als jenen, welcher die Kausalität begleitet. Ich denke dabei an das Phänomen der Spin-Erhaltung in der Quantenmechanik, nach welchem zwei beliebig weit voneinander entfernte Teilchen scheinbar instantan miteinander kommunizieren, ohne dass dabei eine kausale Einflussnahme der Teilchen aufeinander denkbar wäre. Ein derartiges Gegenbeispiel kann es zu unseren Prinzipien nicht geben, diese dulden, wie wir gesehen haben, in ihrer Vollständigkeit keine Ausnahme. In diesem Sinn könnten wir den Prinzipien einen höheren Grad an Gewissheit zusprechen als dem Kausalprinzip.

Noch treffender vergleichen wir die unmittelbare Gewissheit, mit der die Prinzipien einleuchten, mit jener Gewissheit, welche wir beim Nachvollziehen eines mathematischen Beweises empfinden. So, wie wir hier, in einem mathematischen Beweis, von der absoluten Notwendigkeit und unmittelbaren Wahrheit der einzelnen Schritte des Beweises überzeugt sind, so sind wir dort, in der empirischen Welt, von der absoluten Notwendigkeit und unmittelbaren Wahrheit der Prinzipien überzeugt.

Auch aus jener Analogie, in der wir die Prinzipien als Axiome gedeutet haben, können wir einen Zusammenhang zur unmittelbaren Gewissheit ihrer Aussage ableiten. Denn wir nehmen idealerweise ja gerade jene Sätze als Axiome an, die uns unmittelbar gewiss und von deren Wahrheit wir völlig überzeugt sind. Als Axiome, welche von unmittelbarer Gewissheit sind, wären zum Beispiel das Axiom *actio gleich reactio* aus der Newtonschen Mechanik zu nennen, oder das Axiom aus der Peano-Arithmetik, wonach *jede natürliche Zahl n genau einen Nachfolger n+1 besitzt*, oder das Axiom aus der euklidischen Geometrie, nach dem *von jedem Punkt aus zu einem anderen Punkt eine Verbindungsgerade gezogen werden kann.* Wir können die unmittelbare Gewissheit, mit der die Wahrheit der Prinzipien einleuchtet, auf eine Stufe stellen mit jener, mit der uns die angeführten Axiome einleuchten.

Ich habe in der Einleitung jenen Augenblick geschildert, in dem sich mir in einem „Akt des geistigen Schauens", wie ich mich dort ausgedrückt habe, „unmittelbare philosophische Erkenntnis" offenbart hat. Ich habe diese Erkenntnis dort so charakterisiert, dass sie „von allgemeinster Natur ist, und von einem Gefühl der Gewissheit begleitet wird, dass sie mir als unumstößlich erscheint". In diesem Augenblick nun konnte ich insbesondere auch die Erkenntnis um Einheitenbildung und Individualität gewinnen, als die formalen Grundgesetze der empirischen Welt. Ihre Erkenntnis war somit, um den Zusammenhang herzustellen, eine *intuitive*. Ihre Erkenntnis war weit weniger das Produkt von diskursivem Denken, sondern vielmehr eine Art Epiphanie, ein Aufgehen und Empfangen von einem *Bild*, in welchem die Struktur der empirischen Welt dargestellt war. Ein Empfangen von einem Bild, in dem die empirische Welt wie in einem mathematischen Modell auf seine formalen Eigenschaften reduziert war. Ich kann noch die Reinheit dieses Bildes nachfühlen, wie es von allem Unwesentlichen und Zufälligen befreit war, von allen Farben und Namen der Einzeldinge losgelöst war, und nur die nackte Struktur, nur die formalen Gesetze alles Empirischen in sich enthielt. In diesem Bild, von dem ich spreche, war die empirische Welt dargestellt als STROM DER INDIVIDUALITÄT, IN DEM EINHEITEN AUF-TAUCHEN UND WIEDER VERGEHEN.

Die intuitive Erkenntnis besteht also im Wesentlichen in einem Selbsterlebnis. Sie besteht in einer subjektiven Erfahrung, in welcher man sich unvermittelt in einem geistigen Anschauen der Dinge wiederfindet. Aufgrund der Subjektivität aber einer derartig intuitiven Erkenntnis stellt sich die Frage nach der *Lehrbarkeit* des auf diesem Wege erworbenen Wissens. In der Tat kann die Erkenntnis der Prinzipien in ihrer ganzen Allgemeinheit und tiefen Wahrheit nur bedingt gelehrt und weiter vermittelt werden. Ich habe in diesem Buch versucht, dem Leser die Prinzipien durch *Anschauung* und *Analogie* näher zu bringen. Durch Anschauung, indem als methodologisches Credo zahlreiche Beispiele und

Anwendungen der Prinzipien ausgeführt wurden. Durch Analogie, indem ich soeben die unmittelbare Gewissheit, welche die Erkenntnis der Prinzipien begleitet, verglichen habe mit derjenigen unmittelbaren Gewissheit, welche wir mit der Gültigkeit des Kausalprinzips verbinden; oder indem ich die Einsicht in die Wahrheit der Prinzipien verglichen habe mit der Einsicht in die Notwendigkeit eines mathematischen Beweises; oder indem ich den Status der Prinzipien als Axiome verglichen habe mit dem Status der überzeugendsten Axiome der Mathematik und Physik. Zur letzten und wirklich echten Einsicht in die Wahrheit der Prinzipien kann aber nur der Leser *selbst* gelangen, er muss durch eigenes Nachforschen und Beobachten *sich selbst* soweit gebracht haben, dass ihm eines Tages ganz unmittelbar die tiefe Wahrheit und die wirklich unumstößliche Gesetzmäßigkeit der Prinzipien offenbar wird. Er muss *aus sich selbst heraus* zur Erkenntnis kommen, dass die empirische Welt mit strenger Notwendigkeit durchwaltet wird von Einheitenbildung und Individualität. Er muss *in sich selbst* jenes Bild erblicken, in dem die empirische Welt als ein Strom der Individualität erscheint, in dem Einheiten auftauchen und wieder vergehen. Ich kann ihm den Weg nur ebnen, beschreiten muss er ihn selbst.

Zum Abschluss wollen wir noch eine Einstufung der Prinzipien im Zusammenhang mit dem sogenannten skeptischen Trilemma vornehmen. Welche Einstufung uns Gelegenheit gibt, die zu Beginn des Abschnitts aufgeworfene Frage nach der *Begründung* der Prinzipien zu beantworten. Das skeptische Trilemma besagt, dass jeder Versuch der Begründung schließlich eines von drei möglichen Ergebnissen zeitigt: entweder erfordert eine Begründung stets eine weitere Begründung, was zu einer unendlichen Begründungskette führt und damit zu einem *regressus ad infinitum*. Oder es wird zweitens irgendwann in der Begründungskette auf zuvor bereits vorgebrachte Begründungen verwiesen, was den *Zirkelschluss* bedeutet. Oder aber, als dritte Möglichkeit, es wird schließlich an einer Stelle der Begründungs-kette Halt gemacht, womit man bei einer *Letztbegründung* angelangt ist. Aus dem bisher Gesagten sollte deutlich geworden sein, dass wir die Prinzipien nicht weiter begründen können. Denn ihre Erkenntnis ist *intuitiv* und die Gewissheit, mit der ihre Wahrheit einleuchtet, ist *unmittelbar*. Wir müssen sie mit anderen Worten als *selbstevidente* Aussagen betrachten. Das Trilemma lösen wir daher hinsichtlich der Prinzipien, indem diese den Status von *Letzt-begründungen* verliehen bekommen.

4. Die Unmöglichkeit empirischer Wissenschaft

4.1 Die Physik als Paradigma der empirischen Wissenschaft

Wir haben in den zurückliegenden Kapiteln die Veränderung in der empirischen Welt beschrieben und analysiert. Wir haben damit den ersten Teil der Aufgabe, die wir uns in der Einleitung vorgenommen haben, erfüllt: wir haben eine Analyse des panta rei gegeben, eine Analyse mit dem Ergebnis, dass die empirische Welt ihrer formalen Erscheinung nach adäquat durch Individualität und Einheitenbildung beschrieben wird.

Was bedeutet dieses Ergebnis für die Beantwortung der Frage nach der Möglichkeit von Wissenschaft? Wie ist angesichts der *Veränderung* in der empirischen Welt überhaupt eine Wissenschaft von ihr möglich? Verbietet nicht das panta rei jedwede Wissenschaft? Um uns dieses Problem in seiner vollen Brisanz vor Augen zu führen, wollen wir es vor dem Hintergrund der real existierenden Wissenschaften zuspitzen. Wir werden es zu diesem Zweck zunächst an allgemeinen Exempeln aus verschiedenen empirischen Wissenschaften betrachten; anschließend werden wir es weiter zuspitzen und ins Extreme führen, indem wir es vor dem Hintergrund der *Physik* formulieren. Denn die Physik kann als Paradigma der empirischen Wissenschaft schlechthin gelten und gibt daher den schärfsten Gegner des panta rei ab. Bei dieser Opposition von empirischer Wissenschaft und Veränderung werden wir uns auf Seiten der Veränderung auf das Prinzip der Individualität stützen, welches für diese Fragestellung das ausschlaggebende der beiden Prinzipien darstellt. Wir werden den Konflikt und den Widerspruch beschreiben, der sich aus der Koexistenz von Individualität auf der einen und empirischer Wissenschaft auf der anderen Seite ergibt. Im Anschluss daran werde ich im nächsten Abschnitt einen Ausblick darauf geben, wie dieser Konflikt am Ende aufgelöst werden kann, beziehungsweise, wie dieser Konflikt am Ende aufgelöst werden MUSS.

Die empirische Wissenschaft beschreibt ihre Gegenstände so, als würden sich diese durch Gleichheit, Konstanz und Wiederholbarkeit auszeichnen. Wie wir in diesem Buch gesehen haben, scheint dies aber den Tatsachen zu widersprechen. Denn wir haben im Gegenteil gefunden, dass sich die empirischen Gegenstände gerade nicht durch Gleichheit, sondern Ungleichheit auszeichnen, gerade nicht durch Konstanz, sondern Veränderung, und gerade nicht durch Wiederholbarkeit, sondern Einmaligkeit. Mit einem Wort: Sie zeichnen sich durch INDIVIDUALITÄT aus.

Wie ist aber Wissenschaft von individuellen Gegenständen möglich? Wie sind *Geisteswissenschaften* möglich, als diejenigen Wissenschaften, die als einziges Mittel sich der Sprache, also der *Begriffe* bedienen? Wo doch nicht nur die einzelnen Verwendungen, sondern auch die Bedeutungen der Begriffe selbst der Individualität unterliegen und mithin in steter Veränderung begriffen sind? Wie ist angesichts der Individualität von Begriffen eine Wissenschaft *mit diesen* wie in der Geschichtswissenschaft oder der Soziologie möglich? Oder, noch verschärfter, wie sind denn Wissenschaften wie Philosophie und Linguistik überhaupt nur denkbar, wo sie nicht nur Wissenschaften *mit Begriffen*, sondern zudem Wissenschaften *von Begriffen* sind? Muss unter dieser doppelten Last der Individualität nicht jedes erkenntnis-theoretische Fundament brechen? Wie können wir überhaupt, selbst im Alltag, sinnvoll miteinander kommunizieren, wo doch jeder von uns mit einer individuellen Bedeutung seiner Begriffe redet? Oder, um ins Feld der *Naturwissenschaften* überzugehen, wie ist in der Biologie ein wissenschaftliches Sprechen über einen bestimmten Artbegriff möglich, wo doch nicht nur jeder einzelne Vertreter der Art, sondern auch der Artbegriff selbst individuell ist? Wie können wir in der Medizin Gegenmittel für Erkältungen entwickeln, obwohl doch jede einzelne Erkältung, als empirisches Phänomen, individuell ist? Die Symptomatik, mit der sich eine

Erkältung an einem bestimmten Menschen zeigt, ist nie deckungsgleich mit jener Symptomatik, mit der sie sich an einem anderen Menschen zeigt, oder an demselben Menschen zu einem anderen Zeitpunkt. Wie können wir, ohne dass je ein einziges Symptom in gleicher Art wiederkehrt, dennoch wissenschaftlich mit Erkältungen umgehen? Wie kann es, ohne jede Gleichheit und ohne jede Konstanz in den Symptomen, ein sicheres Wissen über das Behandeln von Erkältungen geben? Und weiter, wie können wir in der Chemie bleibende Eigenschaften von H_2O-Molekülen annehmen? Da sich ja nicht nur, aufgrund der Individualität, zwei verschiedene H_2O-Moleküle immer unterscheiden, sondern auch jedes einzelne H_2O-Molekül sich selbst niemals gleich bleibt? Als Folge dieser Aufzählung kommen wir nicht umhin, uns unter der ersten Prämisse, welche die Wissenschaft *als Wissenschaft* erst ermöglicht, nichts Anderes vorstellen zu können, als dass wir *so tun als ob* sich die Dinge gleich bleiben. Wir also, in unseren Beispielen, *so tun als ob* die Bedeutung von Begriffen unveränderlich ist, und wir *so tun als ob* der Artbegriff immer derselbe ist, und wir *so tun als ob* Erkältungen immer dieselben Symptome aufweisen, und wir auch *so tun als ob* sich zwei H_2O-Moleküle nicht unterscheiden.

In der *Physik* aber sehen wir den Gipfel, den krönenden Endpunkt dieser Klimax der unmöglichen Koexistenz von Individualität und Wissenschaft. Sie ist es, die in scheinbar mustergültiger Genauigkeit die empirische Welt wissenschaftlich beschreibt. Sie ist es, die scheinbar dauerhafte Naturgesetze in ihr auffindet. Sie ist es, die scheinbar über die Maßen durch Experiment und Beobachtung bestätigt wird. Sie hat eine Mathematisierung erreicht, von der andere empirische Wissenschaften wie die Chemie oder die Biologie weit entfernt sind. Martialisch ausgedrückt können wir daher sagen: wenn dieser Gegner des panta rei fällt, so ist die Schlacht gewonnen. Wenn nicht, verloren.

Ich weiß gar nicht, ob meinem Leser der Widerspruch, der aus der Koexistenz von Individualität und Physik resultiert, in aller

Deutlichkeit bewusst ist. Der Widerspruch resultiert kurz gesagt daraus, dass die Physik ja gerade das Gegenteil der Individualität, nämlich das UNVERÄNDERLICHE zu ihrer Voraussetzung hat. Um zu Gesetzen über die empirische Welt zu gelangen, muss sie diese so voraussetzen, als ob in ihr keine Veränderung herrschen würde, sondern im Gegenteil exakte Wiederholung und Gleichheit. Denn wie soll sie ein Gesetz formulieren von Dingen, die in ständiger Veränderung sind? Von Dingen, die sich niemals, auch nicht ein einziges Mal, in identischer Weise wiederholen und die sich niemals gleich bleiben? Diese Voraussetzung der exakten Wiederholung und Gleichheit ist es, die in einem krassen Widerspruch zur Individualität alles Empirischen steht, nach welcher ja gerade *keine* exakte Wiederholung und *keinerlei* Gleichheit jemals in der empirischen Welt realisiert wird!

Nehmen wir zum Beispiel die physikalische Beschreibung der Planentenbahnen, im Speziellen die Bahn der Erde um die Sonne. Bekanntlich wird die Bahn durch die drei Keplerschen Gesetze beschrieben, deren erstes so lautet: „Die Planeten bewegen sich auf elliptischen Bahnen, in deren einem gemeinsamen Brennpunkt die Sonne steht." Unausgesprochen verbirgt sich darin die Aussage, dass die elliptische Bahn der Erde um die Sonne stets *die Gleiche* ist, die Erde also jedes Jahr auf derselben Bahn ihren Umlauf *exakt wiederholt.* Außerdem beharre und befinde sich die Sonne *an derselben* Position im Verhältnis zu dieser Bahn, in einem der beiden Brennpunkte der Ellipse. Das Prinzip der Individualität aber negiert diese Aussagen der Gleichheit und exakten Wiederholung. Denn ihm gemäß ist die Bahnkurve, die jedes Jahr von der Erde beschrieben wird, *individuell,* d.h. dass es keine zwei Jahre gibt, in denen die Bahnkurven sich völlig gleichen. Es gibt immer - wenn auch minimale – *Unterschiede* im Vergleich zweier Bahnkurven. Aber auch die Position der Sonne ist *individuell.* Die Sonne wird sich niemals zweimal an demselben Punkt befinden. Sie steht niemals zweimal exakt an derselben Position relativ zur Bahnkurve. Die Individualität alles Empirischen verbietet eine exakte Wiederholung, es wird nie eine Gleichheit in der empirischen Welt auftreten.

Denken wir aber auch daran, wie der Physiker die *Einheiten* seines Gegenstandsbereiches auffasst. Als Einheiten der Physik können wir zum Beispiel die Lichtteilchen, die sogenannten Photonen, identifizieren. Wenn nun der Physiker, um den photoelektrischen Effekt nachzuweisen, eine Metalloberfläche mit Unmengen von Photonen mit *demselben* Impuls, oder, im Wellenbild, mit *derselben* Frequenz bestrahlt, um Elektronen aus der Oberfläche des Metalls herauszulösen, so wird der aufmerksame Leser mit aller Entschiedenheit sein Wort erheben: „Wie aber nun? Wie ist das zu verstehen? Es kann doch keine zwei Photonen geben, die *genau denselben* Impuls besitzen! Es kann doch keine zwei Photonen geben, die *exakt dieselbe* Frequenz besitzen! Sogar jedes einzelne Photon muss doch zu zwei *verschiedenen* Zeitpunkten auch einen *verschiedenen* Impuls und eine *verschiedene* Frequenz besitzen! Es kann niemals wieder genau dieselbe Frequenz besitzen, die es zu irgendeinem früheren Zeitpunkt einmal besaß! Ihr verstoßt gegen das Gesetz der Individualität alles Empirischen! Denn aus diesem folgt, dass die Einheiten der empirischen Welt, also auch eure Photonen, absolut individuell sind! Die Photonen stellen zu jedem Augenblick eine *auf diese Art nicht wiederkehrende, eben individuelle Verkörperung von Eigenschaften dar*!" „So ist es!", antworte ich, an Stelle des Physikers, dem Leser auf seine Wortmeldung.

Dieselben Einwände müssen wir erheben, wenn wir das *Experiment* betrachten, den Stützpfeiler der Physik. In Experimenten, so glauben die Physiker, könnten *wiederholbare* Resultate erzielt werden. Resultate, die unabhängig von Zeit und Ort stets die *gleichen* sind. Welcher Widerspruch zur Individualität! Denn wenn wir, um ein Beispiel zu geben, in einem Experiment die Schalldämmung einer Wand bestimmen, so wird bei einer Wiederholung des Experiments niemals *genau die gleiche* Schall-dämmung der Wand bestimmt werden. Es werden sich *Unterschiede* zwischen den Messergebnissen zeigen, weil ein Messergebnis, als empirisches Faktum, der Individualität unterliegt. Messergebnisse sind daher nicht identisch reproduzierbar. Gleiches gilt, als zweites Beispiel, bei der experimentellen Bestimmung der Wärmekapazität eines Probekörpers. Bei zwei Experimenten hierzu wird in jedem als Ergebnis eine *andere* Wärmekapazität festgestellt werden. Die Wärmekapazität, als empirische Eigenschaft des Probekörpers, ist über die Zeit hinweg nicht konstant. Sie befindet sich vielmehr, wie alles Empirische, in ständiger Veränderung, reguliert durch das Prinzip der Individualität. Wenn ich in diesen Beispielen von abweichenden Messergebnissen spreche, spreche ich natürlich *nicht* von Verletzungen der ceteris-paribus-Klausel. Welche Klausel zur Erklärung der Abweichungen herangezogen werden könnte. Nein, ich spreche im Gegenteil nicht von der *Verletzung*, sondern von der *Erfüllung* einer Klausel, von der Erfüllung der höchsten Klausel schlechthin: Individualität. Sie ist es, die im tiefsten denkbaren Sinn verantwortlich ist für abweichende Messergebnisse. Selbst wenn wir alle Störvariablen bei der Wiederholung eines Experimentes kontrollieren könnten, und so die ceteris-Paribus-Klausel erfüllt hätten, selbst dann würden wir abweichende Messergebnisse bei den Experimenten bekommen – aufgrund der Individualität.

Ganz besonders greifbar aber wird die Unvereinbarkeit von Individualität und Physik am Beispiel der NATUR-KONSTANTEN. Setzen wir nämlich die Individualität als gültig voraus, so ist bereits die Begriffsbildung eine *contradictio in adiecto*, ein Widerspruch in sich. DENN ES GIBT KEINE KONSTANTEN DER NATUR. Es kann sie nicht geben, weil in der Natur allüberall und für immerdar das Gesetz der Individualität herrscht! Was konstant ist, muss sich über die Zeit hinweg gleich bleiben, und dies ist bei keinem empirischen Ding der Fall. Alles Empirische, auch die „Naturkonstante", befindet sich in Veränderung und kann zu zwei verschiedenen Zeitpunkten niemals den gleichen Wert annehmen. Vergegenwärtigen wir uns zur Illustration die geläufigsten Naturkonstanten. Die Lichtgeschwindigkeit c wird von den Physikern – zur Zeit! - auf den Wert c = 299 792 458 m/s „fixiert". Wir aber sagen: Es kann nichts Fixiertes in der empirischen Welt geben! Denken wir an die Gravitationskonstante G, die auf den Wert G = 6,673 84 (80) · 10^{-11} m^3 / (kg·s^2) „festgelegt" wird. Wir aber sagen: Es gibt in der empirischen Welt nichts Festgelegtes! Betrachten wir das plancksche Wirkungsquantum h. Dessen „konstanter" Wert wird auf h = 4,135 667 516 (91) · 10^{-15} eV·s beziffert. Wir aber sagen: Es gibt keine Konstanten der Natur! Denn alles, wirklich ALLES in der empirischen Welt unterliegt einer fortwährenden Veränderung. Naturkonstanten sind nicht konstant, sondern in jedem Augenblick *individuell.*

Wie aber ist schlussendlich dieser Widerspruch zwischen Physik und Individualität aufzulösen? Müssen wir die Individualität verwerfen? Sollten wir uns getäuscht haben über das Wesen der Veränderung, welches wir mit der Individualität aufgefunden glaubten? Sollte es tatsächlich Nicht-Individuelles in der empirischen Welt geben? Gleichheit und exakte Wiederholung? Umgekehrt, wenn wir an der Veränderung und der Individualität festhalten, wie erklärt sich dann die Existenz der Physik? Befinden sich die Physiker im Irrtum mit ihren Naturkonstanten? Ist die Gesetzmäßigkeit ihrer Naturgesetze nur Blendwerk? Gaukeln sie uns einen Schein an Wissenschaft vor, der in Wahrheit ein Aberglaube ist? Müssen wir also.....die Physik verwerfen?

4.2 WIE IST WISSENSCHAFT VON DER VERÄNDERUNG MÖGLICH?

Wie ist also Physik als Wissenschaft möglich? Oder, allgemeiner, wie ist Wissenschaft von der Veränderung möglich? Ich habe in der Einleitung bereits den Konflikt beschrieben, der zwischen der Veränderung der Dinge und der Möglichkeit von Wissenschaft andererseits besteht. Ich hatte dort die Frage aufgeworfen, wie dieser Konflikt aufzulösen sei, ob er überhaupt bestehe, oder ob beide Standpunkte zu einer Konsistenz geführt werden könnten.

Diese Frage sei jedoch erst der zweite Schritt, der gemacht werden müsse. An erster Stelle müsse eine Analyse der Veränderung selbst stehen, eine Analyse des panta rei. Eine Beantwortung der Frage, ob und inwiefern die empirische Welt der Veränderung unterworfen sei. Erst dann, so habe ich mich dort ausgedrückt, mit den Ergebnissen dieser Analyse in der Hand, könne man eine differenzierte Antwort auf die zweite Frage nach der Vereinbarkeit von Veränderung und Wissenschaft geben. Ich hatte damals auch eine alternative Formulierung erwähnt: Um den logischen Schluss von der Veränderung der Dinge auf die Unmöglichkeit von Wissenschaft ziehen zu können, müsse man zunächst der Frage nachgehen, ob die Prämisse des panta rei auch tatsächlich zutreffe, oder in welchem Umfang und welcher Qualität sie zutreffe, oder sie sogar – nötigenfalls – zu verwerfen sei.

Wir haben die Frage nach dem Zutreffen der Prämisse, nach dem Zutreffen des panta rei in diesem Buch beantwortet. Wir haben eine Analyse der Veränderung durchgeführt und sind zu dem Ergebnis gekommen: DIE PRÄMISSE DES panta rei IST WAHR. DIE EMPIRISCHE WELT IST EINER VOLL-KOMMENEN VERÄNDERUNG UNTERWORFEN. Wobei die Veränderung adäquat beschrieben wird durch die Prinzipien der Individualität und Einheitenbildung - bezogen auf die formale Seite der Veränderung, was aber keine Beschränkung der Allgemeinheit darstellt.

Wenn wir mit dem Ergebnis dieses ersten Schritts nunmehr zum zweiten Schritt übergehen wollen, und den logischen Schluss von der Veränderung auf die Unmöglichkeit von Wissenschaft ziehen wollen, wird uns klar, dass dies - trotz der Wahrheit der Prämisse – nicht gelingen kann. Denn die empirische Wissenschaft bezeugt ihre Möglichkeit bereits durch ihre Wirklichkeit. Man kann nicht ernsthaft behaupten, dass Physik, Chemie oder Biologie als Wissenschaften unmöglich sind. Sie liefern ja technische Realisierungen ihrer Theorien; sie machen richtige Vorhersagen über Geschehnisse in der empirischen Welt; sie stellen Natur-gesetze auf und können diese experimentell oder durch

Beobachtung bestätigen – sie handeln also ganz so, als ob in der empirischen Welt *gerade keine* Veränderung herrschen würde, sondern vielmehr Gleichheit und exakte Wiederholung.

Wie also ist dieser Konflikt aufzulösen? Wir sehen auf der einen Seite die Wahrheit des panta rei, was die Negation von Wissenschaft nach sich zieht. Auf der anderen Seite sehen wir die Wahrheit der Wissenschaft, was die Negation des panta rei nach sich zieht. Zwei wahre Aussagen, die sich gegenseitig widersprechen. Bejahen wir die erste, müssen wir die zweite negieren. Bejahen wir die zweite, müssen wir die erste negieren. Wir sehen hier den in der Einleitung erwähnten *Urkonflikt der Philosophie* hervortreten. Auf der einen Seite sehen wir Heraklit, wie er mit Genugtuung die Individualität als Beweis seines panta rei hochhält, und in der Welt ein ewiges Werden aller Dinge postuliert; auf der anderen Seite sehen wir Parmenides, der sich mit den Wissenschaften schmückt, und diese als Beweis für seinen Satz ansieht, dass nur das Seiende existiere, das Nicht-Seiende hingegen nicht. Wie nun endlich ist diese logische Unvereinbarkeit, ja, dieses RÄTSEL, aufzulösen? Wem gebührt das Recht und die Wahrheit, Heraklit oder Parmenides?

Wir werden diese Frage in Teil 2 der Abhandlung in Angriff nehmen. Nur so viel sei an dieser Stelle gesagt: wir werden dort finden, dass in der Auflösung des Widerspruchs BEIDE RECHT BEHALTEN WERDEN. Individualität und Wissenschaft werden in friedlicher Koexistenz neben einander bestehen bleiben. Wir werden demnach gleichsam die Logik überwinden und uns jenseits des *tertium non datur* bewegen, da wir die merkwürdige Situation vorfinden werden, dass These und Antithese, Individualität und Wissenschaft, *zugleich* wahr sein können. Eine ähnliche Situation wie bei Kant, als er in der Kritik der reinen Vernunft manche seiner Antinomien so auflöste, dass er beiden Seiten Wahrheit zugestand.

Die hier in Teil 1 und dem nachfolgenden Teil 2 dargelegte Philosophie ist als die *Synthese* zu begreifen zwischen der *These* des Heraklit und der *Antithese* des Parmenides. In dieser Synthese wird somit nichts Anderes geleistet als DIE AUFLÖSUNG DES URKONFLIKTES DER PHILOSOPHIE. Und ich bin überzeugt davon, dass es auch der EINZIG MÖGLICHE WEG zu einer Auflösung desselben ist. Die zentrale Rolle in Teil 2 der Abhandlung wird dabei, um es vorweg zu nehmen, ein *neuartiger Begriff* spielen, den ich dort prägen und einführen werde. Wir werden mit der Einführung dieses Begriffs gleichsam einen *Sprung* wagen müssen, der uns *über die empirische Welt hinaus* führen wird. Einen Sprung, bei dem wir, bis jetzt jedenfalls, noch nicht wissen, auf welchem Untergrund wir landen werden. Dass dieser Untergrund jedoch existiert und dass er eine hinreichende Tragfähigkeit für unsere Landung besitzt, dies kann ich dem Leser bereits hier ankündigen. Ich werde besagten Begriff jetzt nicht näher bestimmen, sondern verweise den Leser auf Teil 2. Ich kann ihm allerdings versichern, dass dieser Begriff und mit ihm der zweite Teil der Abhandlung für seine Ohren ebenso ungewöhnlich klingen wird wie der nun bewältigte erste Teil.

Dieser ungewöhnliche Klang aber ist ein Resultat der *Geschichtlichkeit* unseres Denkens. Wir sind derart in den Vorurteilen, die uns die hergebrachte Philosophie eingeprägt hat, gefangen, dass neuartige Philosophien in unseren Ohren ungewöhnlich klingen. Und damit, als Folge des Ungewöhnlichen, Befremdung und Abneigung hervorrufen. Es ist nicht abzusehen, wie viele neuartige Philosophien im Laufe der Geschichte existiert haben müssen, ohne dass diese je niedergeschrieben wurden. Denn eine neuartige Philosophie musste der Mut verlassen angesichts dieser Befremdung und Abneigung. Sie konnte an keine günstige Aufnahme glauben angesichts der Vorurteile, die sie zu erwarten hatte.

Wie dem auch sei, mein geneigter Leser, wir haben das Ende von Teil 1 der Abhandlung und damit das Ende dieses Buches erreicht. Wir haben nunmehr die Hochebenen durchquert, von denen ich in der Einleitung sprach, jene Hochebenen des unabhängigen Denkens. Unser Weg hat uns dabei über steinige und kaum bestellte Felder geführt, in denen die Wanderung mühsam und kräftezehrend war. Wir sind der Gefahr knapp entgangen, in der Dämmerung den festen Boden aus den Augen zu verlieren und in Treibsand zu geraten. Wir sind aber auch belohnt worden durch herrliche Ausblicke, in denen die Natur uns ihre schönsten Bilder gezeigt hat, Bilder, die voller Reinheit und Ursprünglichkeit waren. Nun aber, da wir die Hochebenen gemeistert haben, stehen wir zu Fuße eines gewaltigen Berges, dessen Gipfel derart hoch liegt, dass er von den Wolken des Himmels verborgen wird. Und ich sehe dich, mein geneigter Leser, wie du dich bemühst, bei meinem Aufstieg zum Gipfel Schritt zu halten. Ich sehe dich, wie du anfangs guten Mutes bist und gemeinsam mit mir den Gipfel erreichen möchtest. Aber dann sehe ich, dass dir die Kräfte immer mehr schwinden. Ich sehe, dass dein Wille, den Aufstieg zu vollenden, ermüdet. Und ich sehe dich schließlich, da die Luft dünner wird und dir das Atmen schwer wird, Halt machen, den Aufstieg unterbrechend. Da rufe ich dir, auf einer Anhöhe stehend, zu: „Nur Mut! Nur Mut! Du wirst belohnt! Denn habe ich dir auf der Wanderung durch die Hochebenen eine *ewige Wiederkehr des Ungleichen*, nämlich die Veränderung des panta rei gelehrt, so werde ich dir beim Aufstieg zum Gipfel lehren, wie zugleich und ohne Widerspruch auch eine *ewige Wiederkehr des Gleichen*, als Grundbedingung aller Wissenschaft, bestehen kann."